Diccionario pocket albanés

español-albanés & albanés-español

Juan Sáenz

Diccionario pocket albanés
por Juan Sáenz

Copyright ©2015-2017 Juan Sáenz. Todos los derechos reservados.
Editado y publicado por Fluo!Languages.

Primera edición: Mayo 2017

Ninguna parte de este libro puede ser reproducida en alguna forma ni por cualquier medio, sin contar con previa autorización. Sin embargo, organizaciones sin fines de lucro, podrán copiarlo libremente y distribuir partes de esta publicación, cuando no existan fines comerciales.

Este diccionario contiene material procesado que forma parte del proyecto English Wiktionary.

ESPAÑOL-ALBANÉS

A

a • *prep* në
abacera • *n* bakall, shitës
abacero • *n* bakall, shitës
abandonar • *v* braktis
abanico • *n* fusha
abecedario • *n* alfabet *(m)*
abedul • *n* mështekër
abeja • *n* bletë *(f)*
abejarrón • *n* arëz *(f)*, grerëz *(f)*
abejera • *n* bletar
abejero • *n* bletar
abejón • *n* arëz *(f)*, grerëz *(f)*
abejorro • *n* arëz *(f)*, grerëz *(f)*
abeto • *n* bredh *(m)*
ablandar • *v* zbut
abofetear • *v* backos
abogada • *n* avokat *(m)*, avokat
abogado • *n* avokat *(m)*, avokat
abono • *n* bajgë *(f)*
abrazo • *n* përqafimi i dashur
abreviar • *v* shkurtoj
abrigo • *n* pallto
absintio • *n* pelin i zi
absurdo • *adj* absurd
abuela • *n* gjyshje *(f)*
abuelo • *n* gjysh, babagjysh
abultamiento • *n* gufim *(m)*
abultar • *v* gufohem
abundancia • *n* bollëk *(f)*
acá • *adv* këtu
acabar • *v* mbaron
acantilado • *n* shkëmb *(m)*
acariciar • *v* ledhatoj, përkëdhel, fërkoj
acaso • *adv* ndoshta
accidente • *n* aksident *(m)*
acción • *n* veprim, lufta
aceite • *n* vaj *(m)*
aceituna • *n* ulli *(m)*
acequia • *n* hendek *(m)*
acero • *n* çelik *(m)*
acetileno • *n* acetilen
achaque • *n* menstruacion *(m)*
achichincle • *n* favorit
acícula • *n* halë
ácido • *n* acid • *adj* thartë
acientífico • *adj* joshkencor
acierto • *n* sukses
aconsejar • *v* këshilloj
acordar • *v* dhuroj, kujtoj
acorde • *n* akord
acordeón • *n* fizarmonikë *(f)*
acróbata • *n* akrobat
acromegalia • *n* akromegalia
actinio • *n* aktin

actividad • *n* aktivitet *(f)*
actor • *n* aktor *(m)*, aktore *(f)*
actriz • *n* aktor *(m)*, aktore *(f)*
acusativo • *n* kallëzore *(f)*
adaptado • *adj* adapt
adaptar • *v* adapt
adelanto • *n* avancë
adiós • *interj* mirë u pafshim, mirupafshim
adjetival • *adj* mbiemër
adjetivo • *adj* mbiemër • *n* mbiemër, adjektiv
adlátere • *n* favorit
administración • *n* qeveri
admiración • *n* admirim
admirador • *n* admirues *(m)*, admiruese *(f)*
admiradora • *n* admirues *(m)*, admiruese *(f)*
admirar • *v* admiroj
adónde • *adv* ku
adrenalina • *n* adrenalina
adverbio • *n* ndajfolje *(f)*
aeronave • *n* avion *(m)*
aeroplano • *n* aeroplan *(m)*
aeropuerto • *n* aeroport *(m)*, aerodrom *(m)*
afecto • *n* emocion *(m)*
afueras • *n* rrethinë *(f)*
agalla • *n* verzë *(f)*
agarrar • *v* mbaj, rrëmbej
agobiar • *v* shqetësoj
agradabilidad • *n* ëmbëlsi *(f)*
agradecido • *adj* mirënjohës
agresión • *n* agresion *(m)*
agresivo • *adj* agresiv
agricultura • *n* agrikulturë *(f)*
agrio • *adj* thartë
agua • *n* ujë *(m)*
aguacil • *n* pilivesë
aguamala • *n* kandil deti
aguantar • *v* mbaj, duroj
aguardar • *v* pres
aguaviva • *n* kandil deti
águila • *n* shqiponjë, shqipe, shkabë
aguileña • *n* kanilqyqe
aguililla • *n* qift *(m)*
aguja • *n* gjilpërë me kokë, gjilpërë, pikë *(f)*
ahí • *adv* aty, atje
ahijada • *n* famull *(m)*, fijan *(m)*
ahijado • *n* famull *(m)*, fijan *(m)*
aire • *n* atmosferë, ajër *(m)*
aislado • *adj* veçuar

ajedrez • *n* shah *(m)*
ajenjo • *n* pelin i zi
ajo • *n* hudhër *(m)*
ajustador • *n* gjimbajtëse *(f)*
ajustar • *v* adapt
ala • *n* krah *(m)*
alabar • *v* lëvdoj, lavdëroj
alacrán • *n* akrep
alambre • *n* tel *(m)*
álamo • *n* plep *(m)*
albahaca • *n* borzilok *(m)*
albaricoque • *n* kajsi *(f)*
albergue • *n* birrari, pijetore, hotel
alcachofa • *n* angjinarja
alcacil • *n* angjinarja
alcahuete • *n* thashethemexhi *(m)*, çuçurjar *(m)*
alcaucil • *n* angjinarja
alce • *n* dre brilopatë
alcohol • *n* alkool *(m)*
aldea • *n* fshat *(m)*, katund *(m)*
alegre • *adj* i lumtur, i kënaqur
alegría • *n* gaz *(m)*
alesna • *n* fëndyell *(n)*
alfabeto • *n* alfabet *(m)*
alfadía • *n* ryshfet *(m)*, mitë *(f)*
alfiler • *n* gjilpërë me kokë
alfombra • *n* qilim *(m)*
algarabía • *n* dërdëllisje
algas • *n* leshterik *(m)*
algodón • *n* pambuk *(m)*
alicatado • *n* tjegull, pllakë
alicates • *n* pincë *(f)*
alienígena • *n* jashtëtokësor
aliento • *n* frymë
alimentar • *v* ushqen
alimento • *n* ushqim *(m)*
aliño • *n* lezetim
aljibe • *n* pus *(m)*, autocisternë, autobot
allá • *adv* aty, atje
allí • *adv* aty, atje
alma • *n* fantazmë *(f)*, lugat, gogol, shpirt *(m)*, shpirt *(m)*
almendra • *n* bajame
almendro • *n* bajame
almiar • *n* mullar *(m)*
almíbar • *n* shurup *(m)*
almidón • *n* niseshte *(f)*
alminar • *n* minare *(f)*
almirante • *n* admiral
almohada • *n* jastëk *(m)*
almorzar • *v* drekoj, silloj
almuecín • *n* hoxhë *(f)*
almuédano • *n* hoxhë *(f)*
almuerzo • *n* drekë *(f)*, sillë *(f)*
alondra • *n* laureshë *(f)*
alosna • *n* pelin i zi

alquitrán • *n* katran
altanería • *n* arrogancë
altanero • *adj* arrogant
altar • *n* altar *(m)*
altavoz • *n* altoparlant
altivez • *n* arrogancë
altivo • *adj* arrogant
alto • *adj* lartë, gjatë
alubia • *n* bathë *(f)*, fasule *(f)*
alumna • *n* nxënës *(m)*
alumno • *n* nxënës *(m)*
alverja • *n* bizele *(f)*
AM • *n* mëngjes
amanecer • *v* agimi
amante • *n* dashnore *(f)*
amapola • *n* lulëkuqe *(f)*
amargo • *adj* hidhur
amarillo • *adj* verdhë
amateur • *n* axhami
ámbar • *n* qelibar *(m)*
ambiente • *n* atmosferë
ambiguo • *adj* i dykuptueshëm
ámbito • *n* fushë
ambulancia • *n* autoambulancë *(f)*
americio • *n* americ
amiga • *n* mik *(m)*
amigable • *adj* miqësor
amígdala • *n* bajame
amigo • *n* mik *(m)*
amistad • *n* shoqëri
amistoso • *adj* miqësor
amor • *n* dashuri *(f)*, dashur
amplia • *adj* gjerë
amplio • *adj* gjerë
ampo • *n* flok bore *(m)*
anabolismo • *n* anabolizmi
anacardo • *n* shqeme
ananás • *n* ananas *(m)*
anaquel • *n* raft *(m)*
anarquismo • *n* anarkizëm
ancha • *adj* gjerë
ancho • *adj* gjerë
anciano • *adj* plak
ancla • *n* spirancë *(f)*
andar • *v* eci
anemia • *n* anemi, pagjakësia
anfibio • *n* amfib *(m)*
ángel • *n* engjëll *(m)*
angostar • *v* ngushtoj
angosto • *adj* ngushtë
anguila • *n* ngjalë *(f)*
ángulo • *n* kënd *(m)*
anhelar • *v* dëshiron
anillo • *n* donut *(m)*, unazë *(f)*
animal • *n* bishë *(n)*, kafshë *(f)*
anime • *n* anime
anís • *n* anasoni

ano • *n* anus *(m)*
anónimo • *adj* paemër
anquilosado • *adj* bajat
ánsar • *n* patë *(f)*
ante • *prep* para
anteojo • *n* kukuvajkë *(f)*, buf *(m)*
anteojos • *n* gjyzlykë *(f)*, syze *(f)*
antepasado • *n* stërgjysh
antiguo • *adj* vjetër
antimonio • *n* antimon
anunciar • *v* shpall, njoftoj
año • *n* vit *(m)*
aparecido • *n* fantazmë *(f)*, lugat, gogol
aparición • *n* fantazmë *(f)*, lugat, gogol
apartamento • *n* apartament *(m)*
apatía • *n* apati
apático • *adj* apatik
apellido • *n* mbiemër *(m)*
apendicectomía • *n* apendektomi
apetito • *n* oreks *(m)*
apetitoso • *adj* shijshëm
apicultor • *n* bletar
apicultora • *n* bletar
apicultura • *n* bletari
apio • *n* selino *(m)*
aplanadora • *n* buldozer *(m)*
apogeo • *n* apogje
apóstrofo • *n* apostrof *(m)*
aprendiz • *n* çirak
apresurarse • *v* nxitoj
apretar • *v* shtrëngoj
aproximadamente • *adv* afërsisht, përafërsisht, afro
aptitud • *n* aftësi *(f)*
apurarse • *v* nxitoj
aquí • *adv* këtu
arado • *n* plug *(m)*
arándano • *n* boronicë *(f)*
araña • *n* merimangë *(f)*
arar • *v* plugoj, lëroj
árbol • *n* dru *(m)*, pemë *(f)*
arbusto • *n* shkurre *(f)*, ferrëkuqe *(f)*, gëmushë *(f)*
arca • *n* kraharor
arcaico • *adj* arkaik
arce • *n* panjë *(f)*
archipiélago • *n* arkipelag
arcilla • *n* argjilë, deltinë
arco • *n* hark *(m)*
ardilla • *n* ketër *(m)*
arena • *n* rërë *(f)*
arete • *n* vathë *(f)*
argón • *n* argon
argüende • *n* thashetheme *(f)*, çuçurimë *(f)*
argüendera • *n* thashethemexhi *(m)*, çuçurjar *(m)*

argüendero • *n* thashethemexhi *(m)*, çuçurjar *(m)*
argumento • *n* argument
ariete • *n* dash *(m)*
aristocracia • *n* aristokraci
aristócrata • *n* aristokrat
aritmética • *n* aritmetikë
aritmético • *adj* aritmetik
arito • *n* vathë *(f)*
arma • *n* armë *(f)*
armado • *adj* armatosur
armadura • *n* armor, parzmore
armar • *v* armatos
armera • *n* armëndreqës, armëpunues
armero • *n* armëndreqës, armëpunues
armiño • *n* ermelina
armisticio • *n* armëpushim *(m)*
aro • *n* vathë *(f)*
aroma • *n* aromë *(f)*
arpa • *n* harpë *(f)*
arpía • *n* kurvë *(f)*
arqueóloga • *n* arkeolog *(m)*, arkeologe *(f)*
arqueología • *n* arkeologji
arqueológico • *adj* arkeologjik
arqueólogo • *n* arkeolog *(m)*, arkeologe *(f)*
arquero • *n* portier *(m)*, shigjetar *(m)*
arquitecta • *n* arkitekt *(m)*, arkitekte *(f)*
arquitecto • *n* arkitekt *(m)*, arkitekte *(f)*
arquitectura • *n* arkitekturë
arrabal • *n* rrethinë *(f)*
arrecho • *adj* epshor
arrendajo • *n* grifsha
arrepentir • *v* pendohem
arrestar • *v* kap
arresto • *n* arrestim *(m)*
arriba • *prep* lart, mbi
arribar • *v* vij
arribo • *n* arritje *(f)*
arrogancia • *n* arrogancë
arrogante • *adj* arrogant
arrojar • *v* vjell
arroyo • *n* përrua *(m)*
arroz • *n* oriz *(m)*
arrozal • *n* orizore *(m)*
arruga • *n* rrudhë *(f)*
arsénico • *n* arsenik
arte • *n* art *(m)*
arteria • *n* arterie
arteriosclerosis • *n* arteriosklerozë
artesanía • *n* artizanat, zejtari
artículo • *n* artikull, nyjë
artificial • *adj* artificial
artillería • *n* artileri
artillero • *n* artiljer, artilerist
artista • *n* artist *(m)*, artiste *(f)*

artístico • *adj* artistik
artritis • *n* artrit
artrópodo • *n* këmbënyjorët
arveja • *n* bizele *(f)*
arzobispo • *n* kryepeshkop *(m)*
asamblea • *n* asamble
ascender • *v* hipën
ascensor • *n* ashensor
asceta • *n* asket
ascética • *n* asketizëm
ascetismo • *n* asketizëm
asemejar • *v* shëmbëllej
aserrín • *n* tallash *(m)*
asesina • *n* vrasës *(m)*
asesino • *n* vrasës *(m)*
asesorar • *v* këshilloj
asexualidad • *n* aseksualitet
asfalto • *n* asfalt
asfixia • *n* asfiksi
asiento • *n* karrige *(f)*
asimétrico • *adj* asimetrik
asistencia • *n* ndihmë *(f)*
asistente • *n* asistent *(m)*, asistente *(f)*
asma • *n* astmë *(f)*
asno • *n* gomar *(m)*, magar *(m)*
asonancia • *n* asonancë
aspecto • *n* aspekt, fytyrë
aspirina • *n* aspirinë
aspirinar • *n* aspirinë
asta • *n* bri, brinj
astato • *n* astat
asteroide • *n* asteroid
astilla • *n* degë *(f)*
astro • *n* yll
astrofísica • *n* astrofizikë
astrología • *n* astrologji
astronauta • *n* astronaut, kosmonaut
astronomía • *n* astronomi
astrónomo • *n* astronom
astuto • *adj* i zgjuar
atasco • *n* bllokim *(m)*
ataúd • *n* qivur, arkivol *(m)*
ateísmo • *n* ateizëm
atestiguar • *v* dëshmoj, vërteroj
atlas • *n* atlas, arrëz
atleta • *n* atlet *(m)*, atlete *(f)*
atlético • *adj* atletik
atletismo • *n* atletikë
atmósfera • *n* atmosferë
atracción • *n* tërheqje
atrás • *prep* prapa
atribuir • *v* atribuoj
atributo • *n* atribut, veti
atrofia • *n* atrofi
atrofiar • *v* lëngoj
auditorio • *n* auditor *(m)*
aurora • *n* aurorë

autillo • *n* kukuvajkë *(f)*, buf *(m)*
auto • *n* automobilm, vetëlëvizës *(m)*, makinë *(f)*, makina, automobil
autobiografía • *n* autobiografi
autobús • *n* autobus *(m)*
autoclave • *n* autoklavë
autócrata • *n* autokrat *(m)*
autodidacta • *n* autodidakt
autodidacto • *n* autodidakt
autogiro • *n* helikopter
autografiar • *v* autograf
autógrafo • *n* autograf
autómata • *n* automat *(m)*
automático • *adj* automatik, automatik
automatización • *n* automatizim
automotor • *adj* automobilistik
automóvil • *n* automobilm, vetëlëvizës *(m)*, makinë *(f)*, makina, automobil
autonomía • *n* autonomi
autónomo • *adj* autonom
autopsia • *n* autopsi
autor • *n* autor *(m)*
autora • *n* autor *(m)*
autoría • *n* autorësi
autoridad • *n* autoritet
autorización • *n* autorizim
autorizar • *v* autorizoj, lejoj
auxilio • *n* ndihmë
auyama • *n* kungull *(m)*
avalar • *v* dëshmoj, vërteroj
avance • *n* avancim, përparim, avancë
avaricia • *n* lakmi
avaricioso • *adj* lakmitar
avaro • *adj* lakmitar
ave • *n* zog
avellana • *n* lajthi *(f)*
avena • *n* tërshërë *(f)*
avenida • *n* përmbytje
aventura • *n* aventurë
avestruz • *n* struci
aviación • *n* aviacion
ávido • *adj* lakmitar
avión • *n* aeroplan *(m)*
avispa • *n* grerëz, arëz
axila • *n* sqetull
ay • *interj* bubu, bobo, vaj
ayer • *n* dje • *adv* dje
ayote • *n* kungull *(m)*
ayuda • *n* ndihmë
ayudante • *n* asistent *(m)*, asistente *(f)*
ayudar • *v* ndihmë
azada • *n* shat *(f)*, lopatë *(f)*, kaci *(m)*
azadón • *n* shat *(f)*
azor • *n* gjeraqina
azúcar • *n* sheqer *(m)*
azucena • *n* zambak
azufre • *n* sulfur

azul • *n* kaltërt • *adj* kaltër
azulejo • *n* tjegull, pllakë

B

babosa • *n* ligavec
bacilo • *n* bacil
baclava • *n* bakllavaja
bacteriología • *n* bakteriologji
bagazo • *n* byk *(m)*
bailador • *n* valltar *(m)*, valltare *(f)*, kërcimtar *(m)*, kërcimtare *(f)*
bailar • *v* vallëzoj
bailarín • *n* valltar *(m)*, valltare *(f)*, kërcimtar *(m)*, kërcimtare *(f)*
bailarina • *n* valltar *(m)*, valltare *(f)*, kërcimtar *(m)*, kërcimtare *(f)*, balerinë *(f)*
baile • *n* vallëzim
bajá • *n* pashë
bajo • *n* cekëtinë *(f)*
bajofondo • *n* cekëtinë *(f)*
bajón • *n* fagot *(m)*
bala • *n* plumb *(f)*
balada • *n* baladë
balance • *n* bilanc
balanza • *n* peshore
balasto • *n* balast
balastro • *n* balast
balcón • *n* ballkon *(m)*
balda • *n* raft *(m)*
balde • *n* kovë
baldosa • *n* tjegull, pllakë
balística • *n* balistikë
balístico • *adj* balistik
ballena • *n* balenë *(f)*
balompié • *n* futboll *(m)*
balón • *n* top *(m)*
balón-pie • *n* futboll *(m)*
baloncesto • *n* basketbolli
balonmano • *n* hendboll *(m)*
balonvolea • *n* volejboll *(m)*
balsa • *n* trap *(m)*
bambú • *n* bambu
banal • *adj* banal
banana • *n* banane
bananero • *n* banane
banano • *n* banane
banca • *n* bankë *(f)*, banka *(f)*
banco • *n* bankë *(f)*, banka *(f)*, stol *(m)*
bandada • *n* bandë *(f)*
bandeja • *n* tabaka
bandera • *n* flamur
banquera • *n* bankier *(m)*, tregtar
banquero • *n* bankier *(m)*, tregtar
banquete • *n* banket

baño • *n* banjë *(f)*, tualet
baobab • *n* baobab
bar • *n* pijetore *(f)*
barba • *n* mjekër
barbilla • *n* mjekër *(f)*
barca • *n* varkë *(f)*
barcia • *n* byk *(m)*
barco • *n* anije *(f)*, varkë *(f)*
bario • *n* barium
barítono • *n* bariton *(m)*
barman • *n* banakier *(m)*
barnizador • *n* bojaxhi
barnizadora • *n* bojaxhi
barón • *n* baron *(m)*
baronesa • *n* baroneshë *(f)*
barraquete • *n* bajukë
barricada • *n* barrikadë *(f)*
barriga • *n* bark *(m)*, bark
barrilete • *n* qift
barrito • *n* feçkë
barro • *n* argjilë, deltinë, lym *(m)*, baltë *(f)*, llom *(m)*
bartolina • *n* birucë *(f)*
basalto • *n* bazalti
básquetbol • *n* basketbolli
bastardo • *n* kopil, kopile
basura • *n* mbeturinë *(f)*
batalla • *n* lufta, betejë *(f)*
batallón • *n* batalion *(m)*
batería • *n* bateri *(f)*
batidora • *n* mikser *(m)*
baúl • *n* kraharor
bautismo • *n* pagëzim *(m)*
bautizar • *v* pagëzoj
bautizo • *n* pagëzim *(m)*
bayoneta • *n* bajonetë
bazar • *n* treg *(m)*
bazo • *n* shpretkë *(f)*
bebe • *n* foshnja
bebé • *n* foshnja
beber • *v* pi
bebida • *n* pije *(f)*, dhallë *(f)*
beige • *n* bezh, bezh
beis • *n* bezh
béisbol • *n* bejsbol
bella • *adj* bukur
bello • *adj* bukur
bellota • *n* lende *(f)*
bencina • *n* benzinë *(f)*, gazolinë *(f)*
bendecir • *v* bekoj

beneficio • *n* epërsi
berenjena • *n* patëllxhan
berilio • *n* berilium
berkelio • *n* berkelium
berrido • *n* feçkë
berza • *n* lakër
besar • *v* puth
beso • *n* puthje *(f)*
bestia • *n* bishë *(n)*, kafshë *(f)*
betabel • *n* panxhar *(m)*, rrepë *(f)*
betarraga • *n* panxhar *(m)*, rrepë *(f)*
beterava • *n* panxhar *(m)*, rrepë *(f)*
beterraga • *n* panxhar *(m)*
betún • *n* bitum
biblioteca • *n* bibliotekë *(f)*
bicho • *n* kar *(m)*
bici • *n* biçikletë *(f)*
bicicleta • *n* biçikletë *(f)*
bienes • *n* pasuri, mall *(m)*
bienvenida • *interj* mirë se vjen, mirësevjen, mirë se vini, mirësevini
bienvenido • *interj* mirë se vjen, mirësevjen, mirë se vini, mirësevini
bienvenidos • *interj* mirë se vjen, mirësevjen, mirë se vini, mirësevini
bigote • *n* mustaqe *(f)*
bilingüe • *adj* dygjuhësh
bilis • *n* vrer *(m)*
billar • *n* lojë biliardo, bilardo
billete • *n* biletë *(f)*
billetera • *n* portofol *(m)*
binoculares • *n* dylbi *(f)*
biofísica • *n* biofizikë *(f)*
biógrafa • *n* biograf
biografía • *n* biografi
biógrafo • *n* biograf
bióloga • *n* biolog
biología • *n* biologji *(f)*
biológico • *adj* biologjik
biólogo • *n* biolog
bioquímica • *n* biokimi *(f)*
biquini • *n* bikini
birra • *n* birrë
bis • *n* bis • *interj* bis
bisalto • *n* bizele *(f)*
bisexual • *adj* dygjinishëm
bismuto • *n* bizmut
bisonte • *n* bizon *(m)*, bizon
bizcocho • *n* tortë *(f)*, kek
blanca • *n* i bardhë *(m)*, e bardhë, të bardhë, e bardhë *(f)*
blanco • *n* i bardhë *(m)*, e bardhë, të bardhë, e bardhë *(f)* • *adj* bardhë
blasón • *n* heraldika *(f)*
blindaje • *n* armor, parzmore
boa • *n* boa *(m)*
bobo • *n* budalla, idiot *(m)*

boca • *n* gojë *(f)*
bochinche • *n* thashetheme *(f)*, çuçurimë *(f)*
bocina • *n* bri *(m)*, briri *(f)*
boda • *n* dasmë
bodega • *n* qilar *(m)*
bofetada • *n* shuplakë
boicot • *n* bojkotim
boicotear • *v* bojkotoj
boicoteo • *n* bojkotim
boina • *n* beretë *(f)*
bola • *n* sferë, top *(m)*
boli • *n* stilolaps *(m)*
bolígrafo • *n* stilolaps *(m)*
bollo • *n* pidhi, pidhuci, vagina, piçkë *(f)*
bolos • *n* klub boulingu *(m)*
bolsa • *n* xhep *(m)*, çantë *(f)*, thes *(m)*
bolsillo • *n* xhep *(m)*
bomba • *n* bombë *(f)*, pompë *(f)*
bondad • *n* mirësi *(f)*
bondi • *n* autobus *(m)*
bonita • *adj* bukur
bonito • *adj* bukur
bórax • *n* boraks *(m)*
borde • *n* buzë *(f)*
boro • *n* bor
borra • *n* gomë *(f)*, llastik *(m)*
borracho • *adj* dehur
borrador • *n* gomë *(f)*, llastik *(m)*
borraj • *n* boraks *(m)*
borscht • *n* borsh *(m)*
borshch • *n* borsh *(m)*
bosque • *n* pyll
bostezar • *v* hap gojën
bote • *n* kavanoz *(m)*, varkë *(f)*
botella • *n* shishe *(f)*
botón • *n* kopsë
bóveda • *n* urë *(f)*
boxeo • *n* boks *(m)*
boya • *n* bovë *(f)*
branquia • *n* verzë *(f)*
brasier • *n* gjimbajtëse *(f)*
bravura • *n* inat *(m)*, zemërim *(m)*, mëri *(f)*
braza • *n* bretkosë *(f)*
brazalete • *n* byzylyk
brazo • *n* krah
brete • *n* thashetheme *(f)*, çuçurimë *(f)*
brida • *n* fre
briquet • *n* çakmak *(m)*
brocha • *n* furçë *(f)*
broma • *n* shaka *(f)*
bromo • *n* brom
bronceado • *n* bojëkafe
bruja • *n* shtrigë, magjistare
bueno • *adj* mirë

buey • *n* ka
búfalo • *n* buall *(m)*
bufanda • *n* shall
búho • *n* kukuvajkë *(f)*, buf *(m)*
buitre • *n* shkaba
bulldozer • *n* buldozer *(m)*
bulto • *n* gufim *(m)*
bumerán • *n* bumerang
búmeran • *n* bumerang
buque • *n* anije *(f)*
burbuja • *n* fllucka *(f)*, flluskë *(f)*

burdel • *n* shtëpi publike *(m)*, bordello *(m)*, bordel *(m)*
burlar • *v* mashtroj
burocracia • *n* burokraci *(f)*
burro • *n* gomar *(m)*, magar *(m)*
bus • *n* autobus *(m)*
busardo • *n* huta
buscar • *v* kërkoj, shkoj të marr
buzo • *n* pulovër *(m)*

C

caballera • *n* kalorës *(m)*
caballero • *n* kalorës *(m)*
caballo • *n* kalë
cabaré • *n* kabare
cabaret • *n* kabare
cabello • *n* qime
cabeza • *n* kokë *(f)*
cabo • *n* tetar *(m)*
cabra • *n* vajzë, dhi *(f)*
cabrestante • *n* argano
cabritas • *n* kokoshka
cabrón • *n* tutor prostitutash *(m)*
caburé • *n* kukuvajkë *(f)*, buf *(m)*
caca • *n* mut *(m)*
cacahuate • *n* kikirik *(m)*
cacahuete • *n* kikirik *(m)*
cacao • *n* kakao *(m)*
cacareo • *interj* kikirikiki
cacerola • *n* tigan *(m)*, tenxhere *(f)*
cacha • *n* faqe *(f)*
cachar • *v* qij, shkërdhej
cachear • *v* kërkoj
cachetada • *n* shuplakë
cachete • *n* faqe *(f)*
cachetear • *v* backos
cachirulo • *n* qift
cacho • *n* bri *(m)*
cachondo • *adj* epshor
cacto • *n* kaktus *(m)*
cactus • *n* kaktus *(m)*
cadáver • *n* kufomë *(f)*, meit *(m)*
cadena • *n* zinxhir
cadmio • *n* kadmium
caer • *v* bie
caerse • *v* bie
café • *n* kafeja *(f)*, bojëkafe • *adj* zeshkan, bojë kafe
cafeína • *n* kafeinë *(f)*
cafiche • *n* tutor prostitutash *(m)*
cahuín • *n* thashetheme *(f)*, çuçurimë *(f)*

caja • *n* kuti, arkë *(f)*
cajero • *n* arkëtar *(m)*, arkëtare *(f)*
cajón • *n* qivur, arkivol *(m)*
cake • *n* tortë *(f)*, kek
calabaza • *n* kungull *(m)*
calabazera • *n* kungull *(m)*
calamar • *n* kallamar
calavera • *n* kafkë
calcio • *n* kalcium
calculador • *n* makinë llogaritëse *(f)*
calculadora • *n* makinë llogaritëse *(f)*
caldera • *n* kazan *(m)*
calderero • *n* bakërpunues
caldo • *n* supë
calendario • *n* kalendari *(m)*
caliente • *adj* epshor, nxehtë
californio • *n* kalefornium
caligrafía • *n* bukurshkrim *(m)*, bukurshkrim
cáliz • *n* kupë *(f)*
calle • *n* rrugë *(f)*
callejero • *n* arrakat
calor • *n* nxehtësi
calostro • *n* kulloshtër
calvo • *adj* tullac
calzado • *n* këpucë *(f)*
calzones • *n* pantallona
cama • *n* shtrat *(m)*
camaleón • *n* kameleon *(m)*
cámara • *n* aparat fotografik, kamerë *(f)*
camarada • *n* shok *(m)*
camarero • *n* kamerier *(m)*, kamarier *(m)*
cambiar • *v* shkëmbej
cambio • *n* ndryshim *(m)*
cambur • *n* banane
camello • *n* deve *(f)*
caminar • *v* eci
camino • *n* rrugë, rrugë *(f)*
camión • *n* autobus *(m)*, kamion
camioneta • *n* autobus *(m)*, kamion

camisa • *n* këmish
campana • *n* këmbanë *(f)*, zile *(f)*
campanilla • *n* këmbanë *(f)*, zile *(f)*
campanólogo • *n* karijon
campeón • *n* kampion *(m)*
campeonato • *n* kampionat *(m)*
campesino • *n* katundar *(m)*, fshatar *(m)*
campo • *n* fushë, fshat, sferë, arë, zonë
canal • *n* kanal *(m)*, kanal *(m)*
canalla • *n* qelbanik
cáncer • *n* kancer
cancha • *n* kokoshka
canción • *n* këngë *(f)*
candela • *n* qiri *(m)*
candelabro • *n* shandan
candelero • *n* shandan
candil • *n* llambë *(f)*
canelo • *n* bojëkafe
cangrejo • *n* gaforre *(f)*
canguil • *n* kokoshka
canguro • *n* dado, kangur
canjear • *v* shkëmbej
cannabis • *n* kanabis
cansón • *n* shqetësim *(m)*
cantalupo • *n* pjepër
cantar • *v* këndoj
cantidad • *n* sasi *(f)*
canuto • *n* tub *(m)*
caña • *n* kallam *(m)*
cáñamo • *n* kanabis, konopi
cañón • *n* top *(m)*, topi
cañonera • *n* kanoniera
caos • *n* kaos *(m)*
capar • *v* tredh
capilla • *n* vend falje, tempull
capital • *n* kapital *(f)*
capul • *n* balluke *(f)*
caqui • *n* hurmë *(f)*
cara • *n* fytyrë
cárabo • *n* kukuvajkë *(f)*, buf *(m)*
caracol • *n* kërmill *(m)*
carácter • *n* shkronjë *(f)*
característica • *n* karakteristikë *(f)*
carajo • *n* kar *(m)*
carámbano • *n* hell *(m)*
caramelo • *n* karamel, sheqerkë *(f)*
caravana • *n* vathë *(f)*
carbón • *n* qymyr *(m)*, qymyrguri *(m)*
carbono • *n* karboni
cárcel • *n* burg *(m)*
cargar • *v* mbar, ngarkoj
caribú • *n* renë *(f)*
cariño • *n* dashur
carmelita • *n* bojëkafe
carmelito • *n* bojëkafe
carne • *n* mish *(m)*, tul *(m)*, mish

carnero • *n* dash *(m)*
caro • *adj* shtrenjtë, kushtueshëm
carpa • *n* krap
carrete • *n* festë, shtjellë *(f)*
carretera • *n* autostradë *(f)*
carretilla • *n* karrocë dore *(f)*
carro • *n* automobilm, vetëlëvizës *(m)*, makinë *(f)*, makina, automobil
carta • *n* kartë *(f)*, letër *(f)*
cartel • *n* afishe
cartera • *n* portofol *(m)*
carterista • *n* xhepist *(m)*
cartero • *n* postier *(m)*
cartílago • *n* kërc
cartucho • *n* çantë *(f)*, fishek *(f)*
casa • *n* shtëpi
casamiento • *n* dasmë
casar • *v* martohem
casarse • *v* martohem
cascada • *n* ujëvarë *(f)*
cascanueces • *n* arrëthyese
casco • *n* thundër
caspa • *n* vrokth *(m)*, zbokth *(m)*
castaña • *n* gështenjë *(f)*
castaño • *n* bojëkafe • *adj* zeshkan, bojë kafe
castigo • *n* dënim *(m)*, ndëshkim *(m)*
castillo • *n* kala, kështjellë
castor • *n* kastori
castrar • *v* tredh
castro • *n* kala, kështjellë
casual • *adj* kuturu, toptan
catarata • *n* ujëvarë *(f)*
catedral • *n* katedrale *(f)*
caucho • *n* gomë *(f)*, kauçuk *(m)*
caza • *n* gjueti *(f)*
cazador • *n* gjahtar *(m)*, gjuetar *(m)*
cazadora • *n* autobus *(m)*
cazar • *v* gjuaj
cebada • *n* elb *(m)*
cebolla • *n* qepë *(f)*
cebra • *n* zebër *(m)*
cedazo • *n* sitë *(f)*
cedro • *n* cedra, kedra
cefalea • *n* dhembje koke
ceja • *n* vetull *(f)*
celda • *n* birucë *(f)*
celery • *n* selino *(m)*
celeste • *n* kaltërt • *adj* kaltër
celo • *n* xhelozi *(f)*
celos • *n* xhelozi *(f)*
cemento • *n* çimento
cena • *n* darkë *(f)*
cenicero • *n* taketuke *(f)*, tavëll duhani *(f)*
ceniza • *n* hi *(m)*
centésimo • *adj* i njëqindtë

centrífuga • *n* centrifuge
centro • *n* mes *(m)*, qendër *(f)*
centuria • *n* shekull *(m)*, centurie *(f)*
cepillarse • *v* qij, shkërdhej
cepillo • *n* furçë *(f)*, zdrukth *(m)*
cera • *n* dyllë *(m)*
cerca • *adj* afërt
cercano • *adj* afërt
cerceta • *n* bajukë
cerdo • *n* derr *(m)*, thi *(m)*
cereal • *n* drithi *(m)*
cerebro • *n* tru *(m)*
cereza • *n* qershi, vishnjë
cerio • *n* cerium
cero • *n* zero
cerquillo • *n* balluke *(f)*
cerrado • *adj* mbyllur
cerrar • *v* mbyll
cerro • *n* kodër *(m)*
cerrojo • *n* reze, bakllama
cerveza • *n* birrë
cesante • *adj* papunë
cesta • *n* shportë *(f)*
cesto • *n* shportë *(f)*
cesura • *n* cezurë *(f)*
chabacano • *n* kajsi *(f)*
chacal • *n* çakall *(m)*
chaka • *n* tërmet *(m)*
chaleco • *n* pulovër *(m)*
chamaca • *n* vajzë
chambre • *n* thashetheme *(f)*, çuçurimë *(f)*
champú • *n* shampo *(f)*
chancho • *n* derr *(m)*, thi *(m)*
chanclo • *n* galloshe *(f)*
chango • *n* majmun *(m)*
chapa • *n* vathë *(f)*
charca • *n* pellg
charco • *n* llogaçe *(f)*
chasquilla • *n* balluke *(f)*
chaval • *n* djalë *(m)*
chelo • *n* celo
chica • *n* vajzë
chícharo • *n* bizele *(f)*
chicharra • *n* gjinkallë *(f)*
chichigua • *n* qift
chico • *n* djalë *(m)* • *adj* i vogël
chifle • *n* fishkëllimë *(f)*
chimbombó • *n* bamje *(f)*
chimenea • *n* oxhak *(m)*
chimento • *n* thashetheme *(f)*, çuçurimë *(f)*
china • *n* dado, balluke *(f)*, portokall *(f)*
chingar • *v* qij, shkërdhej
chiquilla • *n* vajzë
chiringa • *n* qift
chirmol • *n* thashetheme *(f)*, çuçurimë *(f)*
chisme • *n* thashetheme *(f)*, çuçurimë *(f)*
chismosa • *n* thashethemexhi *(m)*, çuçurjar *(m)*
chismoso • *n* thashethemexhi *(m)*, çuçurjar *(m)*
chispa • *n* shkëndijë *(f)*
chivo • *n* dhi *(f)*
chocha • *n* pidh *(m)*, piçkë *(f)*
chocho • *n* pidh *(m)*, piçkë *(f)*
chocolate • *n* çokollatë *(f)*
chofer • *n* shofer *(m)*, makinist *(m)*
chófer • *n* shofer *(m)*
chomba • *n* pulovër *(m)*
chompa • *n* pulovër *(m)*
chompipe • *n* gjeli i detit
chon • *n* derr *(m)*, thi *(m)*
chopo • *n* plep *(m)*
choro • *n* pidhi, pidhuci, vagina, piçkë *(f)*
chota • *n* kar *(m)*
chucha • *n* pidh *(m)*, piçkë *(f)*, pidhi, pidhuci, vagina
chulo • *n* tutor prostitutash *(m)*
chuncho • *n* kukuvajkë *(f)*, buf *(m)*
ciclismo • *n* çiklizmit
ciclón • *n* ciklon
cicuta • *n* kukutë *(f)*
ciego • *adj* verbër
cielo • *n* qiell, qiell *(m)*
cielos • *n* qiell *(m)*
ciempiés • *n* njëqindkëmbëshi
ciénaga • *n* kënetë *(f)*, moçal *(m)*
científicamente • *adv* shkencërisht
científice • *n* shkencëtar *(m)*
cientificesa • *n* shkencëtar *(m)*
científico • *n* shkencëtar *(m)* • *adj* shkencor
cierto • *adj* vërtetë
ciervo • *n* dre *(m)*, sutë *(f)*, drenushë *(f)*, sorkadhe *(f)*
cifra • *n* shifër *(m)*
cigarra • *n* gjinkallë *(f)*
cigarrillo • *n* cigare *(f)*
cigüeña • *n* lejlek
cima • *n* çukë
cinc • *n* zink
cincel • *n* daltë *(f)*
cincho • *n* brez *(m)*
cine • *n* film *(m)*, kinema *(f)*
cinematógrafo • *n* kinema *(f)*
cínica • *n* cinik *(m)*
cínico • *n* cinik *(m)*, cinik *(m)*
cinta • *n* rrip *(m)*, fjongo *(f)*
cinto • *n* brez *(m)*
cintura • *n* bel *(m)*

cinturón • *n* brez *(m)*
cipote • *n* kar *(m)*
circonio • *n* zirkonium
círculo • *n* rreth
circuncisión • *n* synet *(m)*
circunferencia • *n* rreth
cirio • *n* qiri *(m)*
cisne • *n* mjellma
cisterna • *n* autocisternë, autobot
cita • *n* citat
citología • *n* citologji *(f)*
citrón • *n* limon *(m)*
ciudad • *n* qytet, qytezë
ciudadana • *n* shtetas *(m)*
ciudadanía • *n* shtetësi *(f)*
ciudadano • *n* shtetas *(m)*
civilización • *n* qytetërim, kulturë
clarinete • *n* klarinetë *(f)*
clase • *n* soj, farë *(f)*
clausurar • *v* mbyll
clave • *n* çelës
clavicémbalo • *n* klaviçembal *(m)*
clavicordio • *n* klaviçembal *(m)*
clavo • *n* gozhdë *(f)*
claxon • *n* bri *(m)*, briri *(f)*
cliente • *n* klient
clima • *n* atmosferë, klimë *(f)*
clínica • *n* klinikë *(f)*
clítoris • *n* klitoris
cloro • *n* hlor
cobalto • *n* kobalt
cobarde • *n* frikacak *(m)*
cobija • *n* batanije *(f)*
cobre • *n* bakër
cobres • *n* para
cobrizo • *adj* bakërt
cocaleca • *n* kokoshka
coche • *n* automobilm, vetëlëvizës *(m)*, makinë *(f)*, makina, automobil, derr *(m)*, thi *(m)*
cochi • *n* derr *(m)*, thi *(m)*
cochín • *n* derr *(m)*, thi *(m)*
cochino • *n* derr *(m)*, thi *(m)*
cocho • *n* pidhi, pidhuci, vagina, piçkë *(f)*, derr *(m)*, thi *(m)*
cocina • *n* kuzhinë *(f)*
cocinar • *v* gatuaj
cocinera • *n* kuzhinier
cocinero • *n* kuzhinier
coco • *n* kokosit
cocoa • *n* thashetheme *(f)*, çuçurimë *(f)*
cocodrilo • *n* krokodili
codicia • *n* lakmi
codicioso • *adj* lakmitar
codo • *n* bërryl *(m)*
codorniz • *n* shkurta
coger • *v* qij, shkërdhej, merr

cohecho • *n* ryshfet *(m)*, mitë *(f)*
coima • *n* ryshfet *(m)*, mitë *(f)*
coincidir • *v* jam dakord
cojudo • *n* hamshor *(m)*
col • *n* lakër
cola • *n* bisht *(m)*, zamkë *(f)*
colaboración • *n* bashkëpunim *(m)*
colador • *n* sitë *(f)*
colcha • *n* batanije *(f)*
colchón • *n* dyshek
colectivización • *n* kolektivizim *(m)*
colega • *n* koleg *(m)*
colina • *n* kodër *(m)*
collar • *n* gjerdan *(m)*, varëse *(f)*
colmenera • *n* bletar
colmenero • *n* bletar
colombina • *n* kanilqyqe
color • *n* ngjyrë *(f)*
colorado • *adj* kuq
colorar • *v* ngjyej
colorear • *v* ngjyej
coma • *n* presje *(f)*
comadrona • *n* mami, babo
combatiente • *n* luftëtar *(m)*
comenzar • *v* filloj
comer • *v* ha
comercio • *n* tregti *(f)*, dyqan *(m)*
cometa • *n* qift, kometë *(f)*
comida • *n* drekë *(f)*, sillë *(f)*, ushqim *(m)*, vakt *(m)*
como • *conj* për
cómo • *adv* si, çfarë, sa
compañera • *n* shok *(m)*
compañero • *n* shok *(m)*, koleg *(m)*
compatriota • *n* bashkatdhetar *(m)*
complacido • *adj* mirënjohës
cómplice • *adj* bashkëfajtor *(m)*, bashkëfajtore *(f)*
composición • *n* kompozim *(f)*
compositor • *n* kompozitor *(m)*
compositora • *n* kompozitor *(m)*
comprar • *v* blej
computador • *n* kompjuter *(m)*
computadora • *n* kompjuter *(m)*
comunismo • *n* komunizëm *(m)*
con • *prep* me
concebir • *v* mendoj, krijoj, sajoj
conceder • *v* dhuroj
concejo • *n* këshill *(m)*
concha • *n* pidh *(m)*, piçkë *(f)*, guaskë *(f)*, pidhi, pidhuci, vagina
concierto • *n* koncert *(m)*
concordar • *interj* dakord
condón • *n* prezervativ *(m)*
conductor • *n* shofer *(m)*, makinist *(m)*
conductora • *n* shofer *(m)*, makinist *(m)*
conejo • *n* lepur i gropave

confección • *n* ëmbëlsirë
confederación • *n* konfederatë *(f)*
conferir • *v* dhuroj
confianza • *n* siguri *(f)*
confinar • *v* ngujoj
conformidad • *n* njësoj
congorocho • *n* shumëkëmbësh
congregación • *n* grigjë *(f)*
conjugación • *n* zgjedhim *(m)*
conjunción • *n* lidhëz
cono • *n* kon *(m)*
conocer • *v* njoh
consejo • *n* këshillë *(f)*, kabinet *(m)*
consideración • *n* kujdes
consolar • *v* ngushëlloj
construcción • *n* konstruksion *(f)*
construir • *v* lidh, montoj, ngjis, bashkoj
consulado • *n* konsullatë *(f)*
contable • *n* llogaritar *(m)*
contador • *n* llogaritar *(m)*
contar • *v* numëroj
contemporáneo • *adj* bashkëkohor
contemporario • *adj* bashkëkohor
contento • *adj* gëzuar, i lumtur, i kënaqur
contestar • *v* përgjigjem
continente • *n* kontinent *(m)*
contraseña • *n* fjalëkalim *(m)*, parullë *(f)*, fjalëkalimi
controlar • *v* vëzhgoj
convención • *n* kuvend *(m)*
conveniente • *adj* dëshirueshëm
conversación • *n* dialog *(m)*, bisedë *(f)*
convidar • *v* ftoj
convocar • *v* quaj
coño • *n* pidh *(m)*, piçkë *(f)*, pidhi, pidhuci, vagina
cooperación • *n* bashkëpunim *(m)*
copa • *n* qelq *(m)*, filxhan *(m)*, kupë *(f)*
copucha • *n* thashetheme *(f)*, çuçurimë *(f)*
copuchento • *n* thashethemexhi *(m)*, çuçurjar *(m)*
coraje • *n* guxim *(m)*, trimëri *(f)*
corajudo • *adj* guximshëm
corazón • *n* zemër *(f)*
corbata • *n* kravatë *(f)*
corcova • *n* gungë *(f)*
cordel • *n* varg
cordero • *n* qengj, sheleg
cordillera • *n* kreshtë *(f)*
cornamenta • *n* bri, brinj
corneja • *n* sorrë *(f)*
córneo • *adj* brinor
corneta • *n* bri *(m)*, briri *(f)*
cornisa • *n* kreshtë *(f)*
cornudo • *n* brinar
corona • *n* kurorë *(f)*
corpiño • *n* gjimbajtëse *(f)*
corporal • *adj* trupor
correa • *n* brez *(m)*
correcto • *adj* drejtë
corredor • *n* korridori *(m)*
correr • *v* vrapoj
corriente • *n* lumë *(f)*, përrua *(m)*
corrupción • *n* korrupsioni
corte • *n* gjykatë
cortina • *n* perde *(f)*
corto • *adj* shkurtër
cosa • *n* send *(m)*
cosmos • *n* kozmos *(m)*, gjithësi *(f)*
costa • *n* breg *(m)*, breg, bregdet
costoso • *adj* shtrenjtë, kushtueshëm
costumbre • *n* adet *(m)*
cotilla • *n* thashethemexhi *(m)*, çuçurjar *(m)*
cotilleo • *n* thashetheme *(f)*, çuçurimë *(f)*
cotorra • *n* papagall
cotorrear • *v* bërbëlitje
cotorreo • *n* bërbëlit
cotufas • *n* kokoshka
coyote • *n* kojotë
coyuyo • *n* gjinkallë *(f)*
cráneo • *n* kafkë
creer • *v* besoj, blej
creído • *adj* arrogant
crema • *n* ajkë *(f)*, kajmak *(m)*, krem *(m)*
cresta • *n* kreshtë *(f)*
criba • *n* sitë *(f)*
cricket • *n* kriket
criminal • *n* kriminel
criptón • *n* kripton
críquet • *n* kriket
crispetas • *n* kokoshka
cristal • *n* xham *(m)*, kristal *(m)*, kristal
cristalino • *adj* kristalin
crítica • *n* autokritikë, vetëkritikë
cromo • *n* krom
cruce • *n* udhëkryq *(m)*
crudo • *adj* gjallë
cruel • *adj* mizor
crúor • *n* gjak *(m)*
cruz • *n* kryq *(m)*
cruzada • *n* kryqëzatë *(f)*
cuache • *n* binjak *(m)*
cuaderno • *n* fletore *(m)*
cuadrado • *n* katror *(m)*
cuadragésimo • *adj* dyzetë
cuadro • *n* katror *(m)*
cuál • *pron* çfarë, ç
cuan • *adv* sa, si
cuán • *adv* sa, si

cuando • *adv* kur • *conj* kur
cuarta • *adj* katërt
cuartel • *n* çerek
cuarto • *adj* katërt • *n* dhomë, çerek
cuate • *n* binjak (m)
cubeta • *n* kovë
cubierta • *n* kapak (m), mbuloj (m), gomë (f)
cubiertos • *n* argjendurina
cubo • *n* kub, kovë
cuca • *n* pidh (m), piçkë (f), pidhi, pidhuci, vagina
cucaracha • *n* kacabu
cuchara • *n* lugë (f)
cuchi • *n* derr (m), thi (m)
cuchillo • *n* thikë (f)
cuclillo • *n* qyqja
cuco • *n* kukuvajkë (f), buf (m), qyqja
cuecho • *n* thashetheme (f), çuçurimë (f)
cuello • *n* jakë (f), qafë (f)
cuenta • *n* llogari (f)
cuento • *n* përrallë (f), tregim (m)
cuerda • *n* litar, varg
cuerno • *n* bri, brinj, bri (m)

cuero • *n* lëkurë (f)
cuerpo • *n* sferë, fushë, trup (m)
cuervo • *n* sorrë (f), korb (m)
cuestión • *n* pyetje (f)
cueva • *n* shpellë (f)
culear • *v* qij, shkërdhej
culebra • *n* gjarpër (m)
culinario • *adj* kulinar (f)
culo • *n* vrimë e bythës (f), byth (f), bythë (f)
culpa • *n* faj
culto • *n* sekt (m)
cultura • *n* kulturë (f)
cumbre • *n* çukë
cumpleaños • *n* ditëlindje (f)
cuna • *n* djep (m)
cuncuna • *n* vemje
cuneta • *n* hendek (m)
cuñada • *n* kunatë (f)
cuñado • *n* kunat (m)
cura • *n* prift (m)
curar • *v* shëroj, kuroj
curio • *n* kirium
cuto • *n* derr (m), thi (m)

D

dado • *n* zar
daga • *n* kamë (f)
damas • *n* damë (f)
damasco • *n* kajsi (f)
damno • *n* dëmtim (m), dëm (m)
danza • *n* vallëzim
danzar • *v* vallëzoj
dañar • *v* dëmtoj
daño • *n* dëmtim (m), dëm (m)
dar • *v* jep
data • *n* datë (f)
dato • *n* të dhëna
de • *prep* nga, prej
debatir • *v* debatoj, diskutoj
deber • *n* detyra, detyrë (f)
débil • *adj* dobët
decaer • *v* lëngoj
decidir • *v* vendos
décima • *adj* dhjetë
décimo • *adj* dhjetë
decimonovena • *adj* nëntëmbëdhjetë
decimonoveno • *adj* nëntëmbëdhjetë
decisión • *n* zgjedhje
declinación • *n* lakim (m)
dedal • *n* gishtëz (m)
dedo • *n* gisht (m), gishtëz (f)
defecto • *n* gabim (m), faj (m)

defender • *v* mbroj
defensa • *n* mbrojtje (f)
deglutir • *v* gëlltit, gëlltis
delfín • *n* delfin
delicioso • *adj* shijshëm
delito • *n* krim
demasiado • *adv* të
democracia • *n* demokraci (f)
demoler • *v* dërmoj, prish
demonio • *n* djall (m)
dentista • *n* dentist
departamento • *n* apartament (m)
dependencia • *n* varësi (f)
deportación • *n* dëbim
deporte • *n* sport
deportista • *n* atlet (m), atlete (f)
derecha • *adj* djathtë
derecho • *adj* drejtë, djathtë • *n* drejtë
desarrollar • *v* zhvilloj, zhvillohem
desarrollo • *n* zhvillim (m)
desayuno • *n* mëngjes (m)
descansar • *v* pushoj
descargar • *v* shkarkoj
descendiente • *n* pasardhës (n)
desconocida • *n* huaj
desconocido • *adj* panjohur • *n* huaj
describir • *v* përshkruaj

deseable • *adj* dëshirueshëm
desear • *v* dëshiron, do
desempleado • *adj* papunë
desempleo • *n* papunësi *(f)*
deseo • *n* oreks *(m)*, dëshirë *(f)*
desfile • *n* paradë *(f)*
desflorar • *v* zhvirgjëroj
desierto • *n* shkretëtirë *(f)*
desnudez • *n* lakuriqësi *(f)*
desnudo • *adj* lakuriq, gollomësh
desodorante • *n* deodorant *(m)*
desoír • *v* injoroj
despacio • *adv* ngadalë
despejado • *adj* lirë
desperdicios • *n* mbeturinë *(f)*
después • *prep* pas • *adv* pastaj
destacable • *adj* i shquar, e shquar
destornillador • *n* kaçavida
desvirgar • *v* zhvirgjëroj
detener • *v* kap
detrás • *prep* prapa
devolver • *v* vjell
día • *n* ditë *(f)*
diablo • *n* dreq *(m)*, djall *(m)*, shejtan *(m)*
diacrónico • *adj* diakronik
dialecto • *n* dialekt *(m)*
diálogo • *n* dialog *(m)*, bisedë *(f)*
diamante • *n* diamant *(m)*
diario • *n* ditar
diccionario • *n* fjalor *(m)*
diente • *n* dhëmb
diestra • *adj* djathtë
dieta • *n* dietë *(f)*, dietë *(f)*
difícil • *adj* vështirë
dificultad • *n* çështje, problem
dignidad • *n* dinjitet
dinamita • *n* dinamit *(m)*
dinamo • *n* dinamo
dinero • *n* para
dios • *n* zot, perëndia
diosa • *n* perëndeshë *(f)*

dirección • *n* adresë *(f)*, drejtim *(m)*
directo • *adj* drejtë
disco • *n* disk *(m)*
disculpa • *n* apologji
discúlpame • *interj* më falni, më fal
discusión • *n* diskutim
disfrutar • *v* gëzoj
disparar • *v* gjuaj, qëlloj
dispendioso • *adj* shtrenjtë, kushtueshëm
disprosio • *n* disporz
distancia • *n* distancë *(f)*
división • *n* ndarje
docente • *n* arsimtar *(m)*, arsimtare *(f)*, mësues *(m)*, mësuese *(f)*
doctrina • *n* doktrinë *(n)*
documentación • *n* dokumentimi
documento • *n* dokument *(m)*
dogal • *n* lak *(m)*
dolor • *n* dhembje
dona • *n* donut *(m)*
donación • *n* dhurim
donar • *v* jep
donativo • *n* dhurim
doncel • *n* virgjëreshë *(f)*
doncella • *n* virgjëreshë *(f)*
donde • *conj* ku
dónde • *adv* ku • *conj* ku
donjuán • *n* cubar *(m)*, lakmues *(m)*
dormir • *v* fle
dorso • *n* shpinë *(f)*
dote • *n* pajë, prikë
dragón • *n* kuçedër *(f)*, dragoi
drenar • *v* kulloj
dromedario • *n* deve *(f)*, gamilja
ducha • *n* dush *(m)*, dush
dulce • *adj* ëmbël
dulzura • *n* ëmbëlsi *(f)*
durazno • *n* pjeshkë
duro • *adj* fortë

E

e • *conj* dhe
ebrio • *adj* dehur
eco • *n* jehonë *(f)*
ecología • *n* ekologji *(f)*
economía • *n* ekonomia *(f)*, ekonomi *(f)*
ecuador • *n* ekuatori *(m)*
edificio • *n* ndërtesa *(f)*
educación • *n* arsim, edukim *(f)*
educacional • *adj* arsimor, arsimtar, mësimor

educar • *v* arsimoj, edukoj
educativo • *adj* arsimor, arsimtar, mësimor
efectivo • *n* para
einstenio • *n* ajnshtajnium
ejemplo • *n* shembull
ejército • *n* armatë *(f)*, ushtri *(f)*
el • *art* -a, -i
él • *pron* ai, ajo
elección • *n* zgjedhje

electricidad • *n* elektriciteti
electromagnetismo • *n* elektromagnetizëm *(m)*
electrón • *n* elektroni
electrónica • *n* elektronika
electrónico • *adj* elektronik *(m)*
elefante • *n* elefant
elevado • *adj* lartë
elevador • *n* ashensor
eliminar • *v* eliminoj, asgjësoj, zhduk
ella • *pron* ai, ajo
ellas • *pron* ata, ato
ello • *pron* ai, ajo
ellos • *pron* ata, ato
eludir • *v* shmangem
embajada • *n* ambasadë *(f)*
embajador • *n* ambasador *(m)*
embajadora • *n* ambasador *(m)*
embalsadero • *n* kënetë *(f)*, moçal *(m)*
embalse • *n* kënetë *(f)*, moçal *(m)*
embarazada • *adj* shtatzënë
embarazado • *adj* shtatzënë
embarazo • *n* barrë
embudo • *n* hinkë *(f)*
embustero • *n* gënjeshtar *(m)*
embutido • *n* suxhuk, sallam
emigrar • *v* emigroj, mërgoj
emoción • *n* emocion *(m)*
empaque • *n* arkë *(f)*
empatía • *n* keqardhje *(f)*
empezar • *v* filloj
empresa • *n* ndërmarrje *(f)*, kompani *(f)*
empresario • *n* biznesmen *(m)*
en • *prep* mbi
encendedor • *n* çakmak *(m)*
enchufe • *n* prizë *(f)*
enciclopedia • *n* enciklopedi *(f)*
encima • *prep* lart, mbi
encinta • *adj* shtatzënë
enclochar • *v* ngul
encontrar • *v* gjej
encrucijada • *n* udhëkryq *(m)*
enebro • *n* dëllinjë *(f)*
eneldo • *n* kopër *(m)*
enemigo • *n* armik
enemistad • *n* armiqësi
energía • *n* energji *(f)*
enfado • *n* inat *(m)*, zemërim *(m)*, mëri *(f)*
enfermedad • *n* sëmundje *(f)*
enfermera • *n* infermiere *(f)*
enfermero • *n* infermiere *(f)*
enfermo • *adj* i sëmurë
enfrentar • *v* ballafaqoj, përballoj
engañar • *v* mashtroj
engendrar • *v* krijoj
engullir • *v* gëlltit, gëlltis

enojar • *v* inatos, zemëroj, nevrikos
enojo • *n* inat *(m)*, zemërim *(m)*, mëri *(f)*
ensalada • *n* sallatë *(f)*
ensamblar • *v* lidh, montoj, ngjis, bashkoj
ensangrentar • *v* gjakos
enseñar • *v* mëson
entender • *v* kuptoj, përvetësoj, ftillohem, besoj
entero • *n* hamshor *(m)*
entierro • *n* funeral *(m)*
entomología • *n* entomologji
entonces • *adv* atëherë
entorpecer • *v* pengoj
entrada • *n* biletë *(f)*
entrar • *v* hyn
entregar • *v* jep
entretejer • *v* thur
entretenimiento • *n* argëtim *(m)*
entrevista • *n* intervistë *(f)*
enviar • *v* nis
epítome • *n* mishërim
equilátero • *adj* barabrinjës
equilibrio • *n* balancë, ekuilibër
equilibrista • *n* akrobat
equipaje • *n* bagazh *(m)*
equivocación • *n* gabim *(m)*
erbio • *n* erbium
erección • *n* ereksion *(m)*
erizo • *n* uriq *(m)*, iriq
error • *n* gabim *(m)*
es • *v* është
escalera • *n* shkallë *(f)*
escandio • *n* skandium
escapar • *v* arratisem, shmangem
escarabajo • *n* brumbull
escarcha • *n* brymë *(f)*, ngricë *(f)*
escarificador • *n* lesë *(f)*
escaso • *adj* rrallë
escepticismo • *n* skepticizmi
esclava • *n* rob, skllav
esclavo • *n* rob, skllav
escoba • *n* fshesë *(f)*
escobilla • *n* furçë *(f)*
escobillón • *n* fshesë *(f)*
escoger • *v* zgjedh
escoplo • *n* daltë *(f)*
escorpión • *n* akrep
escribir • *v* shkruaj
escritor • *n* shkrimtar *(m)*, autor *(m)*
escritora • *n* shkrimtar *(m)*, autor *(m)*
escroto • *n* qese e herdheve *(f)*
escuchar • *v* dëgjo, prit, dëgjoj, ndëgjoj
escudo • *n* mburojë *(f)*, shqyt *(m)*
escuela • *n* shkollë *(f)*
escupir • *v* pështyj
esfera • *n* sferë

eslora • *n* gjatësi
eso • *pron* ai, ajo
espada • *n* shpatë *(f)*, pallë *(f)*
espalda • *n* shpinë *(f)*
espárrago • *n* shpargull *(m)*
especia • *n* erëz
espectáculo • *n* argëtim *(m)*
espectro • *n* fantazmë *(f)*, lugat, gogol
espejismo • *n* mirazh *(m)*
espejo • *n* pasqyrë *(f)*
espejuelos • *n* gjyzlykë *(f)*, syze *(f)*
esperanza • *n* shpresë
esperar • *v* pres, shpreson
esperma • *n* spermë *(f)*, dyllë *(m)*
espinaca • *n* spinaqi
espinilla • *n* puçërr
espíritu • *n* fantazmë *(f)*, lugat, gogol, shpirt *(m)*
esplín • *n* mërzi
esposa • *n* grua *(f)*
esposo • *n* burrë
espuma • *n* shkumë *(f)*
esqueleto • *n* skelet, arkë *(f)*
esquí • *n* ski *(f)*
esquites • *n* kokoshka
esquivar • *v* shmang
está • *v* është
estaca • *n* hu
estación • *n* stacion *(m)*, ndalesë *(f)*
estadio • *n* stadium *(m)*
estado • *n* shtet *(m)*
estanque • *n* pellg
estante • *n* raft *(m)*
estaño • *n* kalaj
estar • *v* jam
estatua • *n* statujë *(f)*
este • *n* lindje
estiércol • *n* pleh *(m)*, bajgë *(f)*
estimular • *v* stimuloj
esto • *pron* ky
estómago • *n* stomak

estorbar • *v* pengoj
estornudar • *v* teshtij
estrangulador • *n* asfiksim
estrechar • *v* ngushtoj
estrecho • *adj* ngushtë
estrella • *n* yll
estroncio • *n* stroncium
estudiante • *n* student
estufa • *n* sobë *(f)*
estúpido • *adj* budalla
estupro • *n* përdhunim *(m)*
esturión • *n* bli *(m)*
et • *n* simbol
europio • *n* europ
eutanasia • *n* vdekje e lehtë
evangelio • *n* ungjill *(m)*
evaporación • *n* avullim
evidente • *adj* dukshëm
evolución • *n* ndryshim *(m)*, evolucion *(f)*
exagerar • *v* zmadhoj, teproj
examen • *n* provim, provimi
excelente • *adj* birinxhi
excremento • *n* pleh *(m)*, bajgë *(f)*
excusa • *n* apologji
excusado • *n* tualet
exento • *adj* pazënë
existir • *v* jam
éxito • *n* sukses
expresión • *n* frazë *(f)*, fytyrë
exprimir • *v* shtrëngoj
extranjera • *n* huaj, huaj *(m)*
extranjero • *n* huaj, huaj *(m)*
extraño • *adj* çuditshëm
extraoficial • *adj* jozyrtar
extraterrestre • *n* jashtëtokësor
extremidad • *n* gjymtyrë *(m)*, gjymtyrë *(f)*
eyaculación • *n* ejakulacion *(m)*

F

fábrica • *n* fabrikë *(f)*
fabro • *n* farkëtar
fábula • *n* fabul *(f)*, përrallë *(f)*
fácil • *adj* lehtë
fagot • *n* fagot *(m)*
faisán • *n* fazani
faja • *n* brez *(m)*
falcón • *n* petriti
falla • *n* gabim *(m)*, faj *(m)*
fama • *n* emër
familia • *n* familje

famoso • *adj* famshëm, famëmadh
fanega • *n* çereke
fango • *n* lym *(m)*, baltë *(f)*, llom *(m)*
fantasma • *n* fantazmë *(f)*, lugat, gogol
farfulla • *n* dërdëllisje
farmacología • *n* farmakologji *(f)*
faro • *n* far *(m)*, fanar *(m)*
fascismo • *n* fashizmi
fatal • *adj* fatal
fax • *n* faks *(m)*
faz • *n* fytyrë

fe • *n* besim, besë *(f)*
feble • *adj* dobët
feca • *n* kafeja *(f)*
fecha • *n* datë *(f)*
federación • *n* federatë *(f)*
felicidad • *n* lumturi, gaz *(m)*
feliz • *adj* i lumtur, i kënaqur
femenino • *adj* femëror
féretro • *n* qivur, arkivol *(m)*
fermio • *n* fermium
ferri • *n* trap *(m)*
ferrocarril • *n* hekurudhë *(f)*
ferry • *n* trap *(m)*
festividad • *n* festë *(f)*
fiesta • *n* festë *(f)*, festë
figura • *n* njesh *(m)*, figurë *(f)*
filología • *n* filologji
finca • *n* fermë
finir • *v* mbaron
firma • *n* autograf, nënshkrim *(m)*
firmamento • *n* qiell, qiell *(m)*
flaco • *adj* dobët
flagelo • *n* kamxhik
flama • *n* flakë *(f)*
flauta • *n* flaut *(f)*
flecha • *n* shigjetë *(f)*
fleco • *n* balluke *(f)*
flequillo • *n* balluke *(f)*
flexibilidad • *n* epshmëri *(f)*
flojo • *adj* përtac, dembel, dobët
flor • *n* lule *(f)*
florero • *n* vazo
floresta • *n* pyll
flujo • *n* përrua *(m)*
flúor • *n* fluor
fobia • *n* fobi
follar • *v* qij, shkërdhej
follarse • *v* qij, shkërdhej
fondo • *n* fund *(m)*
forja • *n* farkë *(f)*
forjador • *n* farkëtar
forjadora • *n* farkëtar
formón • *n* daltë *(f)*
forro • *n* astar
fortaleza • *n* kala *(f)*, fortesë *(f)*
fortuito • *adj* kuturu, toptan
fosa • *n* varr *(m)*, gropë *(f)*

fosforera • *n* çakmak *(m)*
fósforo • *n* fosfor
foto • *n* fotografi *(f)*, foto *(f)*
fotografía • *n* fotografia, fotografi *(f)*, foto *(f)*
fotuto • *n* bri *(m)*, briri *(f)*
fragancia • *n* aromë *(f)*
fragua • *n* farkë *(f)*
frambuesa • *n* manaferrë *(f)*
frambueso • *n* mjedër
francio • *n* francium
frasco • *n* shishe *(f)*
frase • *n* frazë *(f)*
frazada • *n* batanije *(f)*
frecuentemente • *adv* shpesh
fregadero • *n* lavaman, lajtore
frente • *n* ballë *(f)*
fresa • *n* lulushtrydhe *(m)*
fresco • *adj* freskët
friera • *n* morth
frigorífico • *n* frigorifer
frijol • *n* bathë *(f)*, fasule *(f)*
frío • *adj* ftohtë • *n* ftohtësi *(f)*, frigorifer
frisa • *n* batanije *(f)*
frontera • *n* kufi *(m)*
frotar • *v* fërkoj
fruta • *n* fruta, fruti *(m)*, frutë *(m)*
frutilla • *n* lulushtrydhe *(m)*
fruto • *n* fruti *(m)*, frutë *(m)*
fuego • *n* zjarr *(m)*
fuelle • *n* shakull
fuente • *n* burim *(m)*
fuerte • *adj* fortë
fugarse • *v* arratisem
fugitivo • *n* arratisur
fulana • *n* kurvë *(f)*, prostitutë *(f)*
fumar • *v* pi duhan
función • *n* funksion
funda • *n* çantë *(f)*
funeral • *n* funeral *(m)*
fusil • *n* pushkë *(f)*
fusta • *n* kamxhik
futbol • *n* futboll *(m)*, futboll *(m)*
fútbol • *n* futboll *(m)*
futuro • *n* e ardhme *(f)*

G

gabán • *n* pallto
gadolinio • *n* gadolin
gafas • *n* gjyzlykë *(f)*, syze *(f)*
galáctico • *adj* galaktik *(m)*
galaxia • *n* galaktikë *(f)*

galio • *n* galium
gallina • *n* pulë, frikacak *(m)*, pulë *(f)*
gallinazo • *n* cubar *(m)*, lakmues *(m)*
gallitos • *n* kokoshka
gallo • *n* kokosh *(m)*

galón • *n* rrip *(m)*, fjongo *(f)*
gamuza • *n* dhia e egër
ganadero • *n* blegtor
ganador • *n* fitues
ganadora • *n* fitues
ganas • *n* oreks *(m)*
gangrena • *n* gangrenë *(f)*
ganso • *n* patë *(f)*
garaje • *n* garazh *(m)*
garchar • *v* qij, shkërdhej
garganta • *n* fyt *(m)*
garompa • *n* kar *(m)*
garra • *n* putër *(f)*, kthetër *(f)*, kthetër *(f)*, thua *(f)*
garrafa • *n* brokë *(f)*
garrapata • *n* rriqër *(m)*, këpushë *(f)*
garza • *n* çapka
garzón • *n* kamerier *(m)*, kamarier *(m)*
gas • *n* gaz *(m)*
gasolina • *n* benzinë *(f)*, gazolinë *(f)*
gata • *n* mace *(f)*, mace
gatito • *n* mace
gato • *n* mace *(f)*, mace
gaviota • *n* pulëbardha
gay • *n* homo *(m)*, homoseksual *(m)*
gemelo • *n* binjak *(m)*
gemelos • *n* dylbi *(f)*
género • *n* gjini, soj, farë *(f)*
géneros • *n* pasuri, mall *(m)*
genetivo • *n* gjinore *(f)*
genocidio • *n* gjenocidi
gente • *n* njerëz
geometría • *n* gjeometri *(f)*
germanio • *n* germanium
gigante • *n* bajloz *(m)*
gilí • *adj* budalla
ginebro • *n* dëllinjë *(f)*
girasol • *n* lule dielli *(f)*
gis • *n* shkumës *(f)*
gitana • *n* arixhi *(m)*, arixheshkë *(f)*
gitano • *n* arixhi *(m)*, arixheshkë *(f)*
glaciar • *n* akullnaja
glándula • *n* gjendër *(f)*
globo • *n* balonë
glosario • *n* fjalorth *(m)*
glotonería • *n* lakmi
gobierno • *n* qeveri *(f)*
gocho • *n* derr *(m)*, thi *(m)*
golero • *n* portier *(m)*
golfa • *n* kurvë *(f)*, kurvë *(f)*, prostitutë *(f)*
golfo • *n* tutor prostitutash *(m)*, gji *(m)*
golondrina • *n* dallëndyshja
goma • *n* zamkë *(f)*, gomë *(f)*, prezervativ *(m)*
gordo • *adj* trashë
gorila • *n* zezak

gorrino • *n* derr *(m)*, thi *(m)*
gota • *n* pikë *(f)*, gutë *(f)*, podagër *(f)*
gozar • *v* gëzoj
gozo • *n* gaz *(m)*
gracias • *interj* faleminderit
grada • *n* lesë *(f)*
grajilla • *n* galë *(f)*, grifsha
grama • *n* bar *(m)*
gramática • *n* gramatikë *(f)*
gramo • *n* gram
granada • *n* shegë *(f)*
granado • *n* shegë *(f)*
grande • *adj* gjerë
granizo • *n* breshëri
granja • *n* fermë
granjera • *n* arar, bujk
granjero • *n* arar, bujk
grasa • *n* yndyrë, yndyrë *(f)*, dhjamë
gratis • *adv* falas
gratitud • *n* mirënjohje *(f)*
gravidez • *n* barrë
gremio • *n* tregti *(f)*
grey • *n* grigjë *(f)*
grifo • *n* grifon *(m)*
grillo • *n* bulkth *(m)*
gripe • *n* grip *(m)*
gris • *adj* hirtë
gritar • *v* bërtas
grosella • *n* person i tretë
grúa • *n* vinç
grulla • *n* kurrillë, tojë
guacal • *n* arkë *(f)*
guacho • *n* binjak *(m)*
guadaña • *n* kosë *(f)*
guagua • *n* autobus *(m)*, foshnja
guajolote • *n* gjeli i detit
guanajo • *n* gjeli i detit
guante • *n* dorezë *(f)*
guapa • *adj* bukur
guapo • *adj* bukur
guardameta • *n* portier *(m)*
guares • *n* binjak *(m)*
guarra • *n* kurvë *(f)*, prostitutë *(f)*
guarro • *n* derr *(m)*, thi *(m)*
guayaba • *n* gujava *(f)*
guerra • *n* luftë *(f)*
guerrero • *n* luftëtar *(m)*
guijarro • *n* guralecë
guinda • *n* qershi, vishnjë
guineo • *n* banane
guingambó • *n* bamje *(f)*
guisante • *n* bizele *(f)*, bizele *(f)*
güisqui • *n* uiski
guitarra • *n* kitarë *(f)*
guiverno • *n* kuçedër *(f)*, dragoi
gula • *n* lakmi
gusano • *n* krimb

gustar • *v* pëlqej
gustoso • *adj* shijshëm, ëmbël

H

haba • *n* bathë *(f)*, fasule *(f)*
haber • *v* jam
habichuela • *n* bathë *(f)*, fasule *(f)*
habilidad • *n* aftësi *(f)*
habitación • *n* dhomë
habituación • *n* adet *(m)*
habla • *n* fjalim *(f)*
hablar • *v* flas
hacer • *v* bëj
hada • *n* zanë *(f)*
hafnio • *n* hafnium
hajj • *n* haxh *(m)*
halcón • *n* petriti
hallar • *v* gjej
halo • *n* aureolë
hamaca • *n* shtrat i varur, hamak
hambriento • *adj* uritur
hamburguesa • *n* hamburgeri
hámster • *n* lloj brejtësi
handball • *n* hendboll *(m)*
haragán • *adj* përtac, dembel
harina • *n* miell
harpa • *n* harpë *(f)*
hato • *n* tufë *(f)*, tufë
hay • *v* është
hechura • *n* ëmbëlsirë
heladera • *n* frigorifer
helado • *n* akullore *(f)*
helero • *n* akullnaja
hélice • *n* helikë
helicóptero • *n* helikopter
helio • *n* helium
hembra • *n* femër
hendíadis • *n* hendiadyoini
heráldica • *n* heraldika *(f)*
herida • *n* lëndim, plagë *(f)*, lëndim *(m)*
hermana • *n* motër *(f)*
hermano • *n* vëlla
hermosa • *adj* bukur
hermoso • *adj* bukur
héroe • *n* hero *(m)*, heroinë *(f)*
herradura • *n* patkua
herrera • *n* farkëtar
herrero • *n* farkëtar
heterogéneo • *adj* heterogjen, tjetërllojshëm
heterosexual • *adj* heteroseksual *(m)* • *n* heteroseksual *(m)*
hexágono • *n* gjashtëkëndësh *(m)*
hidrato • *n* hidrat *(m)*

hidrógeno • *n* hidrogjen
hiedra • *n* dredhkë *(f)*, hurdhe *(f)*
hiel • *n* vrer *(m)*
hielo • *n* akull *(m)*
hiena • *n* hienë *(f)*
hierba • *n* bar *(m)*, Marijuane
hierro • *n* hekur
higiene • *n* higjienë *(f)*
hija • *n* fëmijë *(n)*, bijë *(f)*
hijastro • *n* thjeshtër
hijo • *n* fëmijë *(n)*, bir
hilo • *n* tel *(m)*, fill *(m)*, pe *(m)*
himno • *n* himn
hinojo • *n* gju *(m)*
hiperglicemia • *n* hiperglikemia
hiperglucemia • *n* hiperglikemia
hipo • *n* lemzë *(f)*
hipopótamo • *n* kali i Nilit, hipopotam, hippopotamus
hipoteca • *n* hipotekë *(f)*
hipotecar • *v* hipotekoj
hirudíneo • *n* rrodhe, shushunjë, gjakpirës
historia • *n* histori *(f)*, përrallë *(f)*, tregim *(m)*
históricamente • *adv* historikisht
histórico • *adj* historik
hockey • *n* hokej
hogar • *n* shtëpi
hoja • *n* gjethe
hola • *interj* tungjatjeta
hollín • *n* blozë
holmio • *n* holmium
hombre • *n* njeri, burrë, trim
hombro • *n* sup *(m)*
homogeneidad • *n* homogjenësi *(f)*
homogéneo • *adj* homogjen
homosexual • *n* homoseksual *(m)*, homo *(m)*
homosexualidad • *n* homoseksualitet *(m)*, homoseksualizëm *(m)*
honestidad • *n* ndershmëri *(f)*
hongo • *n* këpurdhë, kërpudhë *(f)*
honor • *n* nder *(m)*
honradez • *n* ndershmëri *(f)*
hora • *n* orë *(f)*
horizonte • *n* horizont *(m)*
hormiga • *n* milingonë *(f)*
hornear • *v* pjek
horno • *n* dyqan buke, furrë *(f)*

hortaliza • *n* perime, zarzavate
hospital • *n* spital *(m)*
hostil • *adj* armiqësor
hotel • *n* birrari, pijetore, hotel
hoy • *adv* sot
hoz • *n* drapër *(m)*
huérfana • *n* jetim *(m)*, jetime *(f)*, bonjak *(m)*, bonjake *(f)*
huérfano • *n* jetim *(m)*, jetime *(f)*, bonjak *(m)*, bonjake *(f)*
hueso • *n* kockë *(f)*
huésped • *n* mysafir *(m)*, vizitor

huevo • *n* kar *(m)*
humanidad • *n* njerëzim *(m)*
humanismo • *n* humanizmi
humano • *n* njeri
humedad • *n* lagështirë *(f)*
humo • *n* tym *(m)*
hundir • *v* fundos, zhyt
huracán • *n* uragan *(m)*
hurón • *n* qelbësi
hurto • *n* vjedhje *(f)*

I

ibex • *n* dhia e shkëmbinjve
íbice • *n* dhia e shkëmbinjve
idioma • *n* gjuhë *(f)*
iglesia • *n* kishë *(f)*
ignorancia • *n* injorancë *(f)*
ignorante • *adj* injorant
ignorar • *v* injoroj
ignoto • *adj* panjohur
igualmente • *adv* barabar
imagen • *n* pikturë *(f)*
imán • *n* imam *(m)*, magnet *(m)*
imbécil • *n* budalla, idiot *(m)*
impedir • *v* pengoj
imperio • *n* perandori
importante • *adj* i rëndësishëm
impresora • *n* printer *(m)*
imprudente • *adj* budalla
impuesto • *n* taksë *(f)*, tatim *(m)*
incitar • *v* nxis
incomprensible • *adj* pakuptueshëm
inconsistente • *adj* kuturu, toptan
independencia • *n* pavarësi *(f)*, pamvarësi *(f)*
independiente • *adj* pavarur
índice • *n* gisht tregues *(m)*, indeks *(m)*
indiferente • *adj* apatik
indígena • *adj* autokton
indio • *n* indium
industria • *n* industri *(f)*
inexplicable • *adj* pashpjegueshëm
infante • *n* fëmijë *(n)*
infarto • *n* infarkti
infinidad • *n* pafundësi *(f)*
infinitivo • *n* infinitiv
información • *n* informacion *(m)*, informatë *(f)*
ingeniero • *n* inxhinier *(m)*
ingurgitar • *v* gëlltit, gëlltis
iniciar • *v* filloj
injertar • *v* shartoj
inmigración • *n* mërgim *(m)*, emigrim *(m)*, kurbet *(m)*
inmigrante • *n* mërgimtar *(m)*
inmunología • *n* imunulogji *(f)*
inodoro • *n* tualet
inolvidable • *adj* paharrueshëm
inorgánico • *adj* joorganik, inorganik
insecto • *n* kandërr *(f)*, insekt *(m)*
inspeccionar • *v* kërkoj
instruir • *v* arsimoj, edukoj
instrumental • *adj* instrumental
insulina • *n* insulina
intelectual • *adj* zgjuar
inteligencia • *n* zbulimit
inteligente • *adj* i zgjuar, zgjuar *(m)*
interacción • *n* bashkëveprim *(m)*
intercambiar • *v* shkëmbej
interdependiente • *adj* ndërvarur
interesante • *adj* interesant
interestelar • *adj* ndëryjor *(m)*, ndëryjore *(f)*, ndëryjore
interjección • *n* pasthirrmë *(f)*
intérprete • *n* interpretues *(m)*, përkthyes *(m)*
intestino • *n* zorrë *(f)*
intimidad • *n* afërsi *(f)*
intransitivo • *adj* jokalimtar
inundación • *n* përmbytje
invención • *n* shpikje *(f)*
inventar • *v* krijoj, sajoj
invertebrado • *n* invertebrore *(m)*
invierno • *n* dimër *(m)*
invitar • *v* ftoj
ir • *v* ecën
ira • *n* inat *(m)*, zemërim *(m)*, mëri *(f)*
iridio • *n* irid
isla • *n* ishull *(m)*, ujdhesë *(f)*
iterbio • *n* iterb
itrio • *n* itrium
izquierda • *adj* majtë
izquierdo • *adj* majtë

J

jaba • *n* çantë *(f)*
jabón • *n* sapun
jaiba • *n* gaforre *(f)*
jalar • *v* qij, shkërdhej
jamás • *adv* kurrë, asnjëherë
jaqueca • *n* dhembje koke
jarabe • *n* shurup *(m)*
jarana • *n* kitarë *(f)*
jardín • *n* kopsht *(m)*
jardinera • *n* kopshtar *(m)*, kopshtare *(f)*
jardinero • *n* kopshtar *(m)*, kopshtare *(f)*
jarrón • *n* vazo
jaula • *n* kafaz *(m)*
jaulón • *n* arkë *(f)*
jengibre • *n* xhenxhefil *(m)*
jeringa • *n* shiringë *(f)*
jersey • *n* pulovër *(m)*
jimagua • *n* binjak *(m)*
jirafa • *n* gjirafë
joder • *v* qij, shkërdhej

jodontón • *adj* epshor
joroba • *n* gungë *(f)*
joto • *n* rroço *(m)*
joven • *adj* ri
júbilo • *n* gaz *(m)*
judía • *n* bathë *(f)*, fasule *(f)*
juego • *n* lojë, lojë *(f)*
juez • *n* gjyqtar *(m)*
jugo • *n* lëng *(m)*
juguete • *n* lodër *(f)*
juicio • *n* gjyq *(m)*
juicioso • *adj* urtë
junípero • *n* dëllinjë *(f)*
juntar • *v* mbledh, grumbulloj, bashkoj, bashkohen
junto • *adv* së bashku, bashkë
juramento • *n* be
justificar • *v* arsyetoj, shpjegoj
justo • *adj* drejtë
juzgado • *n* gjykatë

K

kilogramo • *n* kilogram *(m)*
kínder • *n* kopësht *(m)*

koala • *n* koalë

L

la • *art* -a, -i
labio • *n* buzë *(f)*
laboratorio • *n* laborator
labrar • *v* plugoj, lëroj
labro • *n* buzë *(f)*
lacayo • *n* favorit
lacho • *n* cubar *(m)*, lakmues *(m)*
lacrimar • *v* qaj
lactosa • *n* laktoza
lado • *n* anë, ijë
ladrillo • *n* tullë *(f)*
ladrón • *n* vjedhës *(m)*
lagarto • *n* hardhucë *(f)*
lago • *n* liqen *(m)*
lágrima • *n* lot *(f)*
lagrimar • *v* qaj
laguna • *n* pellg
lamber • *v* lëpij
lamentar • *v* pendohem
lamer • *v* lëpij

lámpara • *n* llambë *(f)*
lana • *n* para, lesh *(m)*
lanceta • *n* bisturi
langosta • *n* karavidhe, gaforre *(f)*
lantano • *n* lantan
lanza • *n* shtizë *(f)*
lapicera • *n* stilolaps *(m)*
lápiz • *n* laps, kalem
largo • *adj* gjatë • *n* gjatësi
las • *art* -a, -i
lascivo • *adj* epshor
láser • *n* lazer *(m)*
lastrar • *v* balastoj
lastre • *n* balast
látigo • *n* kamxhik
laúd • *n* llautë
laurencio • *n* lorencium
lavamanos • *n* lavaman, lajtore
lavaplatos • *n* pjatalarëse
lavar • *v* lan

lavavajillas • *n* pjatalarëse
lawrencio • *n* lorencium
lazo • *n* rrip *(m)*, fjongo *(f)*, lak *(m)*
lechera • *n* dybek, dylbek
lecho • *n* shtrat *(m)*
lechón • *n* gic
lechosa • *n* papaja *(f)*
lechuga • *n* marule
lechuza • *n* kukuvajkë *(f)*, buf *(m)*, qift
leer • *v* lexon, lexoj
legitimar • *v* arsyetoj, shpjegoj
legumbre • *n* perime, zarzavate
lengua • *n* gjuhë *(f)*
lentamente • *adv* ngadalë
lentes • *n* gjyzlykë *(f)*, syze *(f)*
león • *n* luan *(m)*
leopardo • *n* leopard *(m)*
lesbiana • *n* lesbo *(f)*
lesión • *n* lëndim
lesna • *n* fëndyell *(n)*
letra • *n* shkronjë *(f)*
levadura • *n* maja
levante • *n* lindje
lexicología • *n* leksikologji *(f)*
ley • *n* ligj *(m)*
lezna • *n* fëndyell *(n)*
libación • *n* pije alkoolike
libélula • *n* pilivesë
liberar • *v* liroj, çliroj
liberarse • *v* arratisem
libertad • *n* liri
librar • *v* liroj
libre • *adj* lirë, pafre, lejuar, pazënë • *n* taksi
librería • *n* librari, bibliotekë *(f)*
libro • *n* libër *(m)*
licántropo • *n* luqerbull *(m)*
liebre • *n* lepuri i egër
liendre • *n* thëri
liga • *n* veshtull
lighter • *n* çakmak *(m)*
limaco • *n* ligavec
límite • *n* kufi *(f)*, cak *(m)*
limón • *n* limon *(m)*
limpiar • *v* pastroj
limpio • *adj* i pastër
lince • *n* rrëqebull
linda • *adj* bukur
lingüística • *n* gjuhësi
lino • *n* li *(m)*
lío • *n* çështje, problem
lirón • *n* gjumashi i majmë
liso • *adj* drejtë
lista • *n* listë *(f)*
listo • *adj* i zgjuar, zgjuar

literatura • *n* literaturë, letërsi
litio • *n* litiumi
litoral • *n* breg, bregdet
liturgia • *n* liturgjia *(f)*
litúrgico • *adj* liturgjik
llaga • *n* plagë *(f)*, lëndim *(m)*
llama • *n* flakë *(f)*
llamar • *v* quaj
llano • *adj* rrafshtë
llanta • *n* gomë *(f)*
llave • *n* çelës *(m)*
llegada • *n* arritje *(f)*
llegar • *v* arrij, vij
lleno • *adj* plot, shumëngjyrësh
llevar • *v* sjell, mbar, vesh
llorar • *v* qaj
lluvia • *n* shi
lo • *pron* ai, ajo • *art* -a, -i
loar • *v* lëvdoj, lavdëroj
loba • *n* ujkonjë
lobisón • *n* luqerbull *(m)*
lobo • *n* ulk, ujk
locho • *adj* përtac, dembel
loco • *adj* marrë
locura • *n* marrëzi
lodo • *n* lym *(m)*, baltë *(f)*, llom *(m)*
lógica • *n* logjikë *(f)*
lógicamente • *adv* logjikisht
lógico • *adj* logjikshëm
lograr • *v* arrij
lola • *n* vajzë
loma • *n* kodër *(m)*
lombriz • *n* krimb
lomo • *n* shpinë *(f)*
longitud • *n* gjatësi
loro • *n* papagall
los • *art* -a, -i
loza • *n* porcelan
lucha • *n* luftë *(f)*, betejë *(f)*
luchador • *n* luftëtar *(m)*
luchar • *v* luftën
luciérnaga • *n* xixëllonjë *(f)*
ludo • *n* lojë
luego • *adv* pastaj
lugar • *n* vend
luna • *n* hënë *(f)*
lunar • *n* nishan, nishan *(m)*
lupanar • *n* shtëpi publike *(m)*, bordello *(m)*, bordel *(m)*
lustre • *n* famë
lutecio • *n* lutec
lutria • *n* lundërz *(f)*
luz • *n* dritë *(f)*

M

macarra • *n* rrugaç
maceta • *n* kokë *(f)*
madrastra • *n* njerkë
madre • *n* nënë, mëmë, ëmë
madrugada • *n* mëngjes
maestra • *n* arsimtar *(m)*, arsimtare *(f)*, mësues *(m)*, mësuese *(f)*
maestro • *n* arsimtar *(m)*, arsimtare *(f)*, mësues *(m)*, mësuese *(f)*
mafia • *n* mafia
magacín • *n* revistë *(f)*
magnesio • *n* magneziumi
mago • *n* magjistar *(m)*
malagua • *n* kandil deti
maldecir • *v* mallkoj
maldición • *n* mallkimi
maldito • *n* mallkoj
maleta • *n* baule *(f)*
malgrado • *prep* megjithëse
malo • *adj* i keq *(m)*, e keqe *(f)*
malvavisco • *n* alte
mamá • *n* mama *(f)*
mamífero • *n* gjitar *(m)*
mamón • *n* papaja *(f)*
manada • *n* tufë *(f)*, tufë
manatí • *n* lopë deti
mancebía • *n* shtëpi publike *(m)*, bordello *(m)*, bordel *(m)*
mancuerna • *n* dorak *(m)*
mandar • *v* nis
mandíbula • *n* nofulla
manga • *n* mëngë *(f)*, mango
manganeso • *n* mangan
mango • *n* mango
mangó • *n* mango
manguera • *n* tub *(m)*
maní • *n* kikirik *(m)*
manido • *adj* bajat
mano • *n* dorë, gisht *(m)*
manta • *n* batanije *(f)*
manteca • *n* gjalpë
mantequera • *n* dybek, dylbek
mantequilla • *n* gjalpë
manuscribir • *v* autograf
manzana • *n* mollë *(f)*
mañana • *n* mëngjes • *adv* nesër
mapa • *n* hartë *(f)*
máquina • *n* makinë *(f)*, makina, automobil
mar • *n* det
maravilla • *n* lule dielli *(f)*
marchitar • *v* lëngoj
mareado • *adj* i sëmurë
mareo • *n* marramendje
maricón • *n* rroço *(m)*
marido • *n* burrë
mariguana • *n* marihuanë *(f)*
marihuana • *n* marihuanë *(f)*, konopi
mariposa • *n* flutur *(f)*
marmota • *n* marmota
marote • *n* kokë *(f)*
marrano • *n* derr *(m)*, thi *(m)*
marrón • *n* bojëkafe • *adj* zeshkan, bojë kafe
marta • *n* zardafi
martillo • *n* çekan *(m)*, çekiç *(m)*
masa • *n* brumë *(f)*
masculino • *adj* mashkullor
mata • *n* bimë *(f)*, shkurre *(f)*
matar • *v* asgjësoj
matemáticas • *n* matematika
matón • *n* rrugaç
matraca • *n* ryshfet *(m)*, mitë *(f)*
matrimonio • *n* martesë *(f)*
matriz • *n* mitër
matrona • *n* mami, babo
mayate • *n* zezak
mecate • *n* varg
mechero • *n* çakmak *(m)*
medianoche • *n* mesnatë *(f)*
médica • *n* mjek
medicamento • *n* ilaç *(m)*
medicina • *n* ilaç *(m)*, mjekësi *(f)*
médico • *n* mjek
medio • *n* mes *(m)*
mediodía • *n* drekë, mesditë, drekëhera
medusa • *n* kandil deti
mejilla • *n* faqe *(f)*
mejor • *adj* më, i, miri
mejorar • *v* përmirësoj
mellizo • *n* binjak *(m)*
melocotón • *n* pjeshkë
melón • *n* pjepër *(f)*
membrillero • *n* ftua *(m)*
membrillo • *n* ftua *(m)*
memoria • *n* kujtesë
mendelevio • *n* mendelevium
menso • *adj* budalla
menstruación • *n* menstruacion *(m)*
mente • *n* mendje
mentir • *v* gënjej
mentira • *n* gënjeshtër *(f)*
mentirosa • *n* gënjeshtar *(m)*
mentiroso • *n* gënjeshtar *(m)*
mentón • *n* mjekër *(f)*
mercado • *n* treg *(m)*
mercurio • *n* mërkur, zhivë
meridional • *adj* jugor

mermelada • *n* reçel *(m)*
mes • *n* muaj *(m)*
mesa • *n* tryezë *(f)*
mesero • *n* kamerier *(m)*, kamarier *(m)*
mesonero • *n* kamerier *(m)*, kamarier *(m)*
metal • *n* metal
mezquita • *n* xhami *(f)*
mico • *n* majmun *(m)*
micología • *n* mikologji *(f)*
micro • *n* autobus *(m)*, autobus *(m)*
microbio • *n* mikrob *(m)*
microbiología • *n* mikrobiologji *(f)*
micrófono • *n* mikrofon *(m)*
microonda • *n* mikrovalë *(f)*
microscopio • *n* mikroskop *(m)*
miedo • *n* frikë *(f)*
miel • *n* mjaltë
miembro • *n* gjymtyrë *(m)*, kar *(m)*
mierda • *n* mut *(m)*
mijo • *n* mel *(m)*
milagro • *n* mrekulli *(f)*
milano • *n* qift *(m)*
mildiu • *n* myk *(m)*
milenrama • *n* bari mijëfletësh
milla • *n* milje *(f)*
millo • *n* kokoshka
millonario • *n* milioner *(m)*
milpiés • *n* shumëkëmbësh
minarete • *n* minare *(f)*
mínimo • *n* banane
ministerio • *n* ministri *(m)*
minuto • *n* minutë *(f)*
mirar • *v* shoh, shikoj
mirasol • *n* lule dielli *(f)*
mirlo • *n* mëllenjë
mirtilo • *n* boronicë *(f)*
misionario • *n* misionar *(m)*
misionera • *n* misionar *(m)*
misionero • *n* misionar *(m)*
misterio • *n* mister *(m)*
misterioso • *adj* misterioz
mitad • *n* gjysmë *(f)*
mito • *n* mit *(m)*
mitote • *n* thashetheme *(f)*, çuçurimë *(f)*
mobiliario • *n* mobilje *(f)*
mochila • *n* çantë shpine *(f)*
mochuelo • *n* kukuvajkë *(f)*, buf *(m)*
módem • *n* modem *(m)*
modificación • *n* ndryshim *(m)*, modifikim *(f)*
moho • *n* myk *(m)*
mojado • *adj* qullur, lagur
molécula • *n* molekula
molestar • *v* shqetësoj
molibdeno • *n* molibden
molino • *n* mulli *(m)*

molondrón • *n* bamje *(f)*
momento • *n* momenti, moment *(n)*, çast *(n)*
momia • *n* mumje *(f)*
monarquía • *n* mbretëri *(f)*
moneda • *n* monedhë *(f)*
monitorear • *v* vëzhgoj
monitorizar • *v* vëzhgoj
monje • *n* murg *(m)*
mono • *n* majmun *(m)*, zezak
monolingüe • *adj* njëgjuhësh
monoteísmo • *n* monoteizmi
monserga • *n* dërdëllisje
montaña • *n* mal *(m)*
montar • *v* lidh, montoj, ngjis, bashkoj
montón • *n* turmë *(f)*
monumento • *n* përmendore *(f)*, monument *(m)*
moño • *n* rrip *(m)*, fjongo *(f)*
moqueta • *n* qilim *(m)*
mora • *n* man
moral • *n* man
morder • *v* kafshoj, kafshon
mordida • *n* ryshfet *(m)*, mitë *(f)*
moreno • *n* bojëkafe
morfología • *n* morfologji *(f)*
morgue • *n* morg *(m)*
morir • *v* vdes
morocho • *n* binjak *(m)*
morrocoy • *n* breshkë *(f)*
morsa • *n* morsë, lopë deti
morueco • *n* dash *(m)*
mosca • *n* mizë *(f)*
moscardón • *n* arëz *(f)*, grerëz *(f)*
mosco • *n* mushkonjë
mosquito • *n* mushkonjë
mostacho • *n* mustaqe *(f)*
mostaza • *n* mustardë *(f)*
mosto • *n* musht *(m)*
moto • *n* motoçikletë *(f)*
motocicleta • *n* motoçikletë *(f)*
motor • *n* motor *(m)*, motor
mozo • *n* kamerier *(m)*, kamarier *(m)*
muchacha • *n* vajzë
muchacho • *n* djalë *(m)*
muchedumbre • *n* turmë *(f)*
mueble • *n* mobilje *(f)*
muecín • *n* hoxhë *(f)*
muela • *n* grihë *(f)*
muérdago • *n* veshtull
muerte • *n* vdekje *(f)*, mort *(m)*
muerto • *adj* vdekur
muestra • *n* shenjë *(f)*
muflón • *n* mufloni
mujer • *n* grua *(f)*, femër *(f)*
mujeriego • *n* cubar *(m)*, lakmues *(m)*
mujerzuela • *n* kurvë *(f)*, prostitutë *(f)*

mula • *n* mushkë *(f)*
muleta • *n* shtrat *(f)*
mulo • *n* mushkë *(f)*
multitud • *n* turmë *(f)*
mundo • *n* botë *(f)*
muñeca • *n* dore, kukull *(f)*
muralla • *n* mur *(m)*
murciélago • *n* lakuriq, nate
muro • *n* mur *(m)*
musaraña • *n* hundëgjati xhuxh

muscular • *adj* muskulor
músculo • *n* muskul
musculoso • *adj* muskuloz
museo • *n* muzeum *(m)*
musgo • *n* myshk *(m)*
música • *n* muzikë *(f)*
muslo • *n* kofshë *(f)*
mutación • *n* ndryshim *(m)*
muy • *adv* shumë

N

nada • *n* zero • *pron* asgjë, kurrgjë
nadar • *v* notoj
nadie • *pron* asnjë, askush
nafta • *n* benzinë *(f)*, gazolinë *(f)*
nalga • *n* prapanicë *(f)*
nalgas • *n* byth *(f)*, bythë *(f)*
nana • *n* nina-nanë
naranja • *n* portokall *(f)*
narina • *n* flegër *(f)*
nariz • *n* hundë
nata • *n* ajkë *(f)*, kajmak *(m)*
natal • *adj* amëtar
natalicio • *n* ditëlindje *(f)*
nativo • *adj* vendës
naturaleza • *n* natyrë *(f)*
navaja • *n* brisk *(m)*, biçak *(m)*
nave • *n* anije *(f)*
neblina • *n* mjegull
necio • *n* budalla, idiot *(m)* • *adj* budalla
negocio • *n* dyqan *(m)*
negra • *n* zezak
negraso • *n* zezak
negrillo • *n* zezak
negrito • *n* zezak
negro • *n* zezak, i zi, e zezë, zezak • *adj* zi
negrote • *n* zezak
nena • *n* vajzë
nene • *n* foshnja
neodimio • *n* neodim
neón • *n* neon
neptunio • *n* neptun
nervio • *n* nerv
neumático • *n* gomë *(f)*
neutral • *adj* neutral
neutralización • *n* asnjanësim *(m)*
neutro • *adj* neutral
nevera • *n* frigorifer
nido • *n* fole *(f)*
niebla • *n* mjegull
nieta • *n* mbesë *(f)*
nieto • *n* nip *(m)*

nieve • *n* borë *(f)*
ninguno • *pron* asnjë, askush, asfare, aspak
niña • *n* fëmijë *(n)*, vajzë, foshnja
niñera • *n* dado
niño • *n* fëmijë *(n)*, foshnja, djalë *(m)*
niobio • *n* niob
niple • *n* thithkë *(f)*
níquel • *n* nikel
nitrógeno • *n* azot, nitrogjenit
no • *adv* nuk • *n* nuk, jo
nobelio • *n* nobelium
noble • *n* fisnik
noche • *n* natë *(f)*
nogal • *n* arrë, arrishtë
noguera • *n* arrë
nombre • *n* emër, emër *(m)*
nonagésimo • *adj* nëntëdhjetë
norte • *n* veri *(m)*
norteño • *adj* verior
nosotras • *pron* ne
nosotros • *pron* ne
notable • *adj* i shquar, e shquar
notario • *n* avokat *(m)*
noticias • *n* lajm *(m)*, kumt
novato • *n* axhami
novela • *n* roman *(m)*
noveno • *adj* nëntë
novia • *n* nuse *(f)*
novillo • *n* ka
novio • *n* dhëndër *(m)*
nube • *n* re *(f)*
nuca • *n* qafë *(f)*, zverk *(m)*
nuclear • *adj* bërthamor
nucléolo • *n* bërthamëza
nudo • *n* nyjë *(f)*
nuera • *n* nuse *(f)*
nuevamente • *adv* përsëri
nuevo • *adj* ri
nuez • *n* arrë
número • *n* numër *(m)*
nunca • *adv* kurrë, asnjëherë

nupcias • *n* dasmë
nutria • *n* lundërz *(f)*

Ñ

ñafle • *n* kar *(m)*
ñajú • *n* bamje *(f)*

O

o • *conj* ose, apo, a
obediencia • *n* bindje
obispo • *n* peshkop
obligación • *n* detyra, detyrë *(f)*
obrero • *n* punëtor *(m)*
obstáculo • *adj* lirë • *n* pengesë
oca • *n* patë *(f)*
occidental • *adj* perëndimor
océano • *n* oqeani
oceanografía • *n* oqeanografia *(f)*
oceanología • *n* oqeanografia *(f)*
octava • *adj* tetë
octavo • *adj* tetë
octogésimo • *adj* tetëdhjetë
ocultismo • *n* okultizmi
oculto • *n* okultizmi
ocupado • *adj* zënë
ocurrir • *v* ndodhë
oda • *n* poemë *(f)*
odiar • *v* urrej
odio • *n* urrejtje *(f)*
odontólogo • *n* dentist
oeste • *n* perëndim
oficial • *adj* zyrtar
oído • *n* vesh
oír • *v* dëgjon, dëgjoj
ojo • *n* sy
okra • *n* bamje *(f)*
óleo • *n* vaj *(m)*
olfato • *n* erë
oliva • *n* ulli *(m)*
olmo • *n* vidh *(m)*
olor • *n* joshë
olvidable • *adj* harrueshëm
olvidar • *v* harroj

ombligo • *n* kërthizë *(f)*
ómnibus • *n* autobus *(m)*
onomatopeya • *n* onomatope, onomatopeik
onza • *n* ons *(f)*
opción • *n* zgjedhje
ópera • *n* operë *(f)*
opinión • *n* mendim
oración • *n* lutje, namazi, fjali *(f)*
oral • *adj* gojor, oral
ordenador • *n* kompjuter *(m)*
oreja • *n* vesh
orfanato • *n* jetimore *(f)*
orfebre • *n* arpunues, argjendar
organizar • *v* organizoj
orgasmo • *n* orgazmë *(f)*
oriental • *adj* lindor
oriente • *n* lindje
orilla • *n* breg *(m)*, buzë *(f)*
orina • *n* urinë *(f)*, shurrë *(f)*
oro • *n* ar
orquídea • *n* orkide
ortejo • *n* shputë
ortiga • *n* hithëra
oruga • *n* vemje
oscuridad • *n* terr *(m)*, errësirë *(f)*, mugëtirë *(f)*
osmio • *n* osmium
oso • *n* ari *(m)*, ariu
otoño • *n* vjeshtë
otra • *interj* bis
oveja • *n* dele
ovejero • *n* bari *(m)*
oxígeno • *n* oksigjeni

P

pachá — peluquero

pachá • *n* pashë
pachanga • *n* festë
paciencia • *n* durim *(m)*
padrastro • *n* vitërk, njerk
padre • *n* prind, baba *(m)*, atë *(m)*
padrillo • *n* hamshor *(m)*
paganismo • *n* paganizëm *(m)*
pagar • *v* paguaj
página • *n* fletë *(f)*
país • *n* atdhe, shtet *(m)*
paja • *n* kashtë *(f)*
pajar • *n* mullar *(m)*
pájaro • *n* zog
pala • *n* lopatë *(f)*, kaci *(m)*
palabra • *n* fjalë *(f)*, llaf *(m)*, sharje *(f)*
palacio • *n* pallat *(m)*
paladar • *n* qiellzë *(f)*
paladio • *n* palad
paletó • *n* pallto
pálido • *adj* e celet
palo • *n* shkop *(m)*
paloma • *n* pëllumb *(m)*, pëllumbi, kar *(m)*
palomo • *n* pëllumbi
pambol • *n* futboll *(m)*
pan • *n* bukë *(f)*
panadería • *n* dyqan buke
páncreas • *n* pankreasi
pandero • *n* qift
pandorga • *n* qift
pánico • *n* panik
panocha • *n* pidhi, pidhuci, vagina, piçkë *(f)*
pantalla • *n* vathë *(f)*, abazhur *(m)*, ekran *(m)*
pantalón • *n* pantallona
pantalones • *n* pantallona
pantano • *n* kënetë *(f)*, moçal *(m)*
panza • *n* bark *(m)*
pañuelo • *n* shami *(f)*
papa • *n* patate, kërtollë
papagayo • *n* qift, papagall, papagall
papalote • *n* qift
papaya • *n* papaja *(f)*
papel • *n* letër, kartë
papelote • *n* qift
papirola • *n* kar *(m)*
paquete • *n* pako, paketë *(f)*
par • *n* vëlla
paracaídas • *n* parashutë *(f)*
parada • *n* paradë *(f)*
parado • *adj* papunë
paraguas • *n* çadër *(f)*, ombrellë *(f)*
parasol • *n* çadër *(f)*, ombrellë *(f)*
pardo • *n* bojëkafe • *adj* zeshkan, bojë kafe
parecerse • *v* shëmbëllej

pared • *n* mur *(m)*
paréntesis • *n* parentezë
parlamento • *n* parlament *(m)*, kuvend *(m)*
parlotear • *v* bërbëlitje
parloteo • *n* bërbëlit
paro • *n* papunësi *(f)*
párpado • *n* qepallë
parque • *n* park *(m)*
párroco • *n* prift *(m)*
parte • *n* pjesë
partera • *n* mami, babo
partida • *n* ikje *(f)*
partido • *n* parti
partir • *v* dal, ik
parvulario • *n* kopësht *(m)*
pasaje • *n* biletë *(f)*
pasajero • *n* pasagjer *(m)*
pasaporte • *n* pasaportë *(f)*
pasar • *v* ndodhë
pasillo • *n* korridori *(m)*
pasta • *n* brumë *(f)*, para
pastel • *n* byrek, tortë *(f)*, kek
pasto • *n* bar *(m)*
pastor • *n* bari *(m)*
pata • *n* putër *(f)*, këmbë *(f)*
patata • *n* patate, kërtollë
paternidad • *n* atësi
patilla • *n* shalqi, bostan *(m)*
patio • *n* gardh *(m)*
pato • *n* rosë *(f)*
patógeno • *n* sëmundjeshkaktues
patria • *n* atdhe
patriota • *n* atdhetar *(m)*, atdhetare *(f)*
pava • *n* balluke *(f)*
pavo • *n* gjeli i detit
pavorreal • *n* palloi
payasa • *n* klloun *(m)*
payaso • *n* klloun *(m)*
paz • *n* paqe *(f)*
pecado • *n* mëkat *(m)*
pecho • *n* gji, gjoks *(m)*
pedazo • *n* copë, pjesë
pedir • *v* lut
pedo • *n* pordhë, fëndë • *adj* dehur
pedorrear • *v* pjerdh
pedrisco • *n* breshëri
peer • *v* pjerdh
pegamento • *n* zamkë *(f)*
pelear • *v* luftën
película • *n* film *(m)*
peligro • *n* rrezik
peligroso • *adj* i rrezikshëm
pelo • *n* qime
pelota • *n* top *(m)*
peluquera • *n* floktar *(m)*, berber *(m)*
peluquero • *n* berber *(m)*, floktar *(m)*

pena • *n* turp *(m)*
pendejo • *adj* budalla
pendiente • *n* vathë *(f)*
pene • *n* kar *(m)*
península • *n* gadishull *(m)*
penitenciaría • *n* burg *(m)*
pensamiento • *n* mendim
pensar • *v* mendoj
penúltimo • *adj* parafundit
peonía • *n* bozhure *(f)*
pepino • *n* kastravec *(m)*
pequeño • *adj* vogël, i vogël
pera • *n* mjekër *(f)*, dardhë *(f)*
peral • *n* dardhë *(f)*
percha • *n* jatagan *(f)*
perder • *v* humb, humbas
perdiz • *n* thëllëzë
perdóname • *interj* më falni, më fal
perdonar • *v* fal
perdurar • *v* duroj
perejil • *n* majdanoz
pereza • *n* gjitar *(m)*, përtesë *(f)*
perezoso • *n* gjitar *(m)* • *adj* përtac, dembel
perfeccionar • *v* përsos
perforadora • *n* shpues
perforar • *v* shënoj, shpoj
perfume • *n* parfum *(m)*
pericia • *n* aftësi *(f)*
periné • *n* perineum *(m)*, nënvete *(f)*
perineo • *n* perineum *(m)*, nënvete *(f)*
periódico • *n* gazetë *(f)*
periodismo • *n* gazetari *(f)*
periodista • *n* gazetar *(m)*
periodo • *n* menstruacion *(m)*
período • *n* periodike, periudhë
perla • *n* perlë *(f)*
pero • *conj* por
perra • *n* ujkonjë, kurvë *(f)*
perrera • *n* balluke *(f)*
perro • *n* qen *(m)*
persona • *n* njeri
perturbar • *v* shqetësoj
pesadilla • *n* ankth
pesado • *adj* rëndë
pesas • *n* dorak *(m)*
pesca • *n* peshkim *(m)*
pescado • *n* peshk *(m)*
pescuezo • *n* qafë *(f)*
pésol • *n* bizele *(f)*
pestaña • *n* qerpik *(m)*
peta • *n* breshkë *(f)*
petaca • *n* qift
petróleo • *n* naftë *(f)*
pez • *n* peshk *(m)*, pisë *(f)*
pezón • *n* thithkë *(f)*
pezuña • *n* thundër

piano • *n* piano *(f)*
pica • *n* maç *(m)*
picar • *v* shpoj
picaza • *n* laraskë
pícea • *n* bredhi i zi, hormoç
picha • *n* kar *(m)*
pichar • *v* qij, shkërdhej
pichi • *n* kar *(m)*
pichí • *n* shurrë *(f)*
pichón • *n* pëllumb *(m)*, pëllumbi
pichula • *n* kar *(m)*
pico • *n* sqep *(m)*, çukë *(f)*, kar *(m)*, çukë
pie • *n* këmbë *(f)*
piedra • *n* gur *(m)*
piel • *n* lëkurë *(f)*
pieza • *n* copë, dhomë
pija • *n* kar *(m)*
pijama • *n* pizhamë *(f)*
pijamas • *n* pizhamë *(f)*
pila • *n* bateri *(f)*
pilar • *n* shtyllë *(f)*
pillo • *adj* i zgjuar
pimienta • *n* piper *(m)*
pincel • *n* furçë *(f)*
pinga • *n* kar *(m)*
pino • *n* pishë *(f)*
pintar • *v* pikturon
pinte • *n* atu
pintor • *n* piktor *(m)*, bojaxhi
pintora • *n* piktor *(m)*, bojaxhi
pinzón • *n* trishtil
piña • *n* ananas *(m)*
piojo • *n* morr
pipe • *n* kar *(m)*
pipí • *n* shurrë *(f)*
pipilacha • *n* pilivesë
pipoca • *n* kokoshka
pirámide • *n* piramidë *(f)*
pirata • *n* pirat *(m)*
pirula • *n* kar *(m)*
pirulo • *n* kar *(m)*, kar *(m)*
pis • *n* shurrë *(f)*
pisco • *n* gjeli i detit
piscucha • *n* qift
piso • *n* dysheme *(f)*, apartament *(m)*
pisto • *n* para
pito • *n* qukapikorët, kar *(m)*, bri *(m)*, briri *(f)*, fishkëllimë *(f)*
pizza • *n* picë *(f)*
placer • *n* kënaqësi *(f)*
plaga • *n* mushkonjë
planeta • *n* planet *(m)*
planetoide • *n* asteroid
plano • *adj* rrafshtë
planta • *n* bimë *(f)*, fabrikë *(f)*
plantilla • *n* stampë *(f)*
plástico • *n* plastik

plata • *n* argjent, para, argjend *(m)*
plátano • *n* banane
platera • *n* argjendar
platero • *n* argjendar
platino • *n* platin
plato • *n* pjatë *(f)*
playa • *n* plazh *(m)*
plaza • *n* treg *(m)*, shesh *(m)*
plomo • *n* plumb *(m)*
pluma • *n* stilolaps *(m)*, pendë *(f)*, pupël
plumajillo • *n* bari mijëfletësh
plural • *n* shumës • *adj* shumës
plutonio • *n* plutonium
población • *n* popullsisë *(f)*
pobre • *adj* varfër
poceta • *n* tualet
pochoclo • *n* kokoshka
poder • *n* pushtet *(m)*
poema • *n* poemë *(f)*
poesía • *n* poemë *(f)*, poezi *(f)*
poeta • *n* poet *(m)*
poetisa • *n* poet *(m)*
policía • *n* policia *(f)*, polici *(f)*
polietileno • *n* polietileni
políglota • *n* poliglot
polígono • *n* shumëkëndësh
polilla • *n* molë *(f)*, tenjë *(f)*
política • *n* politikë *(f)*, politikan *(m)*
político • *adj* politik *(m)*, politike *(f)* • *n* politikan *(m)*
polla • *n* kar *(m)*
pollina • *n* balluke *(f)*
pollo • *n* pulë
polonio • *n* polonium
polvo • *n* pluhur *(m)*
pólvora • *n* barut *(m)*
pomada • *n* pomadë *(f)*
pompa • *n* fllucka *(f)*, flluskë *(f)*
ponqué • *n* tortë *(f)*, kek
pop • *n* kokoshka
popcorn • *n* kokoshka
poporopo • *n* kokoshka
porcelana • *n* porcelan *(m)*
porción • *n* pjesë
porfa • *adv* të lutem, ju lutem
pornografía • *n* pornografi *(f)*
pornográfica • *adj* pornografik
pornográfico • *adj* pornografik
poro • *n* preshi
poronga • *n* kar *(m)*
pororó • *n* kokoshka
poroto • *n* bathë *(f)*, fasule *(f)*
porque • *conj* sepse, për
porrígine • *n* vrokth *(m)*, zbokth *(m)*
porro • *n* preshi
portada • *n* mbuloj *(m)*
portátil • *n* laptopi

portavoz • *n* mbrojtës
portero • *n* portier *(m)*
portón • *n* portë *(f)*
porvenir • *n* e ardhme *(f)*
posada • *n* han *(m)*
posibilidad • *n* mundësi
postal • *n* kartolinë *(f)*, kartpostale *(f)*
poste • *n* kar *(m)*
potasio • *n* kalium
pote • *n* kavanoz *(m)*
potra • *n* mëz *(m)*
potranco • *n* mëz *(m)*, mëz
potro • *n* hamshor *(m)*, mëz *(m)*, mëz
poza • *n* llogaçe *(f)*
pozal • *n* kovë
pozo • *n* pus *(m)*
prado • *n* livadhe
praseodimio • *n* prazeodim
precio • *n* çmim *(m)*
precioso • *adj* i çmuar
precipicio • *n* shkëmb *(m)*
precoz • *adj* i hershëm
predicador • *n* predikues
prefectura • *n* Prefektura *(m)*
pregunta • *n* pyetje *(f)*
preguntar • *v* pyet
prender • *v* merr
preñada • *adj* shtatzënë
preñado • *adj* shtatzënë
preocupación • *n* shqetësim *(m)*
preocupar • *v* shqetësoj
prepucio • *n* lafshë *(f)*
presa • *n* pendë *(f)*, digë *(f)*, pre *(f)*
prescribir • *v* parashkruaj, porosis, urdhëroj
presente • *n* dhuratë *(f)*
preservativo • *n* prezervativ *(m)*
presidenta • *n* president *(m)*
presidente • *n* president *(m)*
presumido • *adj* arrogant
presupuesto • *adj* buxhetor • *n* buxhetor, ardhur, buxhet
primavera • *n* pranverë *(f)*
primera • *adj* parë
primero • *adj* parë
principalmente • *adv* kryesisht
principiante • *n* axhami
prisión • *n* burg *(m)*
prismáticos • *n* dylbi *(f)*
problema • *n* çështje, problem
proceso • *n* gjyq *(m)*
profesion • *n* profesion *(m)*
profesor • *n* arsimtar *(m)*, arsimtare *(f)*, mësues *(m)*, mësuese *(f)*
profesora • *n* arsimtar *(m)*, arsimtare *(f)*, mësues *(m)*, mësuese *(f)*
profeta • *n* profet *(m)*

profetisa • *n* profet *(m)*
profiláctico • *n* prezervativ *(m)*
programa • *n* softuer *(m)*, softver *(m)*, program *(m)*
progreso • *n* avancim, përparim
promecio • *n* promet
pronombre • *n* përemri *(m)*
pronto • *adv* shpejt
pronunciación • *n* shqiptim *(m)*
propulsor • *n* helikë
prostíbulo • *n* shtëpi publike *(m)*, bordello *(m)*, bordel *(m)*
prostitución • *n* prostitucion *(m)*
prostituta • *n* prostitutë *(f)*, kurvë *(f)*, kurvë *(f)*, prostitutë *(f)*
protactinio • *n* protaktin
proteger • *v* mbrojtur
protón • *n* proton *(m)*
protuberancia • *n* gufim *(m)*
provecho • *n* epërsi
provincia • *n* krahinë *(f)*, provincë *(f)*
proxeneta • *n* tutor prostitutash *(m)*
proyectil • *n* plumb *(f)*
prueba • *n* provë *(f)*, provë, prova
psicoterapia • *n* psikoterapia
pub • *n* pijetore *(f)*
pudín • *n* tortë *(f)*, kek
pueblo • *n* popull *(m)*, fshat *(m)*, katund *(m)*, qytezë

puente • *n* urë *(f)*
puerco • *n* derr *(m)*, thi *(m)*
puerro • *n* preshi
puerta • *n* derë, portë *(f)*
puerto • *n* port *(m)*, liman *(m)*
pues • *conj* për
pulga • *n* plesht *(m)*
pulgar • *n* gisht i madh, gisht i madh i dorës, pulqer
pulmón • *n* mushkëri
pulóver • *n* pulovër *(m)*
pulpo • *n* tetëkëmbësh *(m)*, oktapod *(m)*
pulsera • *n* byzylyk
punta • *n* pidhi, pidhuci, vagina, piçkë *(f)*
punto • *n* pikë
punzón • *n* fëndyell *(n)*
punzonar • *v* grushtoj
puñal • *n* kamë *(f)*
puñetazo • *n* grushtim
puñete • *n* grushtim
puño • *n* grusht *(m)*
pupilo • *n* nxënës *(m)*
purgatorio • *n* purgator *(m)*
pururú • *n* kokoshka
pus • *n* qelb
puta • *n* kurvë *(f)*, prostitutë *(f)*
puto • *n* kurvë *(f)*, rroço *(m)*

Q

que • *prep* se, sesa
qué • *pron* çfarë, ç
• *adv* si, çfarë
quehacer • *n* detyrë *(f)*
quemadura • *n* djegje
quemar • *n* djegje
queque • *n* tortë *(f)*, kek
querer • *v* do
querida • *n* dashnore *(f)*
queso • *n* djathë *(m)*
quién • *pron* kush

quiénes • *pron* kush
quilogramo • *n* kilogram *(m)*
quimbombó • *n* bamje *(f)*
quincuagésimo • *adj* pesëdhjetë
quingombó • *n* bamje *(f)*
quinto • *adj* pestë
quiquiriquí • *interj* kikirikiki
quizá • *adv* ndoshta
quizás • *adv* ndoshta

R

rábano • *n* rrepkë
rabia • *n* inat *(m)*, zemërim *(m)*, mëri *(f)*
racismo • *n* racizëm
radio • *n* radio, radio *(m)*
raíz • *n* rrënjë *(f)*
raja • *n* pidhi, pidhuci, vagina, piçkë *(f)*
rama • *n* degë *(f)*

ramera • *n* kurvë *(f)*, prostitutë *(f)*
ramita • *n* degë *(f)*
ramo • *n* degë *(f)*
rana • *n* bretkosë *(f)*
ranacuajo • *n* fulterëz *(f)*
rangífero • *n* renë *(f)*
rápido • *adj* atypëratyshëm

raramente • *adv* rrallë
raro • *adj* rrallë, çuditshëm
rastra • *n* lesë *(f)*
rastrillo • *n* grabujë *(f)*
ratón • *n* mi *(m)*
rayo • *n* rreze *(f)*
raza • *n* garë *(f)*
razón • *n* arsye
razonable • *adj* arsyeshëm
reacción • *n* reagim
real • *n* para
rebaño • *n* tufë *(f)*, tufë
rebeco • *n* dhia e egër
recámara • *n* dhomë
recetar • *v* parashkruaj
reciente • *adj* vonë
recoger • *v* bashkohen, mbledh
reconciliar • *v* pajtoj
recordar • *v* kujtoj
rectángulo • *n* drejtkëndësh *(m)*
recto • *adj* drejtë
red • *n* rrjet *(m)*, rrjetë *(f)*
refrigerador • *n* frigorifer
refrigeradora • *n* frigorifer
regadera • *n* dush *(m)*
regalo • *n* dhuratë *(f)*
regla • *n* menstruacion *(m)*
regocijo • *n* gaz *(m)*
reguardar • *n* kujdes
reina • *n* mbretëreshë *(f)*
reino • *n* mbretëri *(f)*
reír • *v* qesh
reírse • *v* tall, përqesh
reja • *n* plor *(m)*
relicario • *n* shenjtë
relieve • *n* reliev *(m)*
religión • *n* fe *(f)*
reloj • *n* orë *(f)*, orë dore *(f)*
remendar • *v* arnoj
remo • *n* rrem *(m)*
remolacha • *n* panxhar *(m)*, rrepë *(f)*
remolcador • *n* rimorkiator
renacuajo • *n* fulterëz *(f)*
renio • *n* renium
reno • *n* renë *(f)*
renombre • *n* emër
repentinamente • *adv* papritur
repollo • *n* lakër
reposar • *v* pushoj
reposo • *n* pushim *(m)*
representante • *n* mbrojtës
reptil • *n* rrëshqanor
república • *n* republikë *(f)*
reputación • *n* emër
requerir • *v* lut
reservado • *adj* tinzar, tinëzar
resina • *n* rrëshirë *(f)*

resolver • *v* vendos
respiración • *n* frymë, frymëmarrje
respirar • *v* marr frymë
respiro • *n* frymë
responder • *v* përgjigjem
respuesta • *n* përgjigje
restaurante • *n* restorant *(m)*, gjellëtore *(f)*
restorán • *n* restorant *(m)*, gjellëtore *(f)*
resumen • *n* konspekt
retrato • *n* portret *(m)*
retumbar • *v* gjëmoj
reunir • *v* mbledh, grumbulloj, bashkoj, bashkohen
revenido • *adj* bajat
reventón • *n* festë
revista • *n* revistë *(f)*
revolución • *n* revolucion *(m)*
revólver • *n* revole
rey • *n* mbret *(m)*
rezar • *v* lutem
rico • *adj* shijshëm, ëmbël
ridículo • *adj* qesharak *(m)*
rifa • *n* short *(m)*
rifle • *n* pushkë *(f)*
riñón • *n* veshkë *(f)*
río • *n* lumi
ripia • *n* ballanike, dhogë, tjegull
risa • *n* qeshje *(f)*, gajasje *(f)*, qeshje
risco • *n* shkëmb *(m)*
ritmo • *n* ritëm
rito • *n* rit
robar • *v* vjedh
roble • *n* lis *(m)*
robo • *n* vjedhje *(f)*
roca • *n* gur *(m)*
rodilla • *n* gju *(m)*
rodio • *n* rodium
roer • *v* bren
rojo • *n* kuq • *adj* kuq
rompecorazones • *n* cubar *(m)*, lakmues *(m)*
roncar • *v* gërhas
ronquido • *n* gërhimë *(f)*
ropa • *n* rroba, veshje *(f)*
rosa • *n* trëndafil *(m)*
rosario • *n* rruzarja
roscas • *n* kokoshka
rosquilla • *n* donut *(m)*
rostro • *n* fytyrë
rúbeo • *adj* kuq
rubí • *n* rubin *(m)*
rubicundo • *adj* kuq
rubidio • *n* rubid
rublo • *n* rubël *(m)*
rubro • *adj* kuq
rueda • *n* gomë *(f)*, rrotë

rufa • n autobus (m)
rufo • adj kuq
rugir • v gjëmoj
ruiseñor • n bilbil (m)
ruta • n rrugë (f)
rutenio • n ruten
rutherfordio • n raderfordium

S

sabañón • n morth
saber • v di
sabio • adj urtë
sabiola • n kokë (f)
sabroso • adj shijshëm, ëmbël
sacabocado • n shpues
sacerdote • n prift (m)
saco • n çantë (f), thes (m)
sagrado • adj shenjtë
sal • n kripë
sala • n auditor (m), dhomë
salamandra • n salamandër (m)
salario • n rrogë (f)
salchicha • n suxhuk, sallam
salchichón • n suxhuk, sallam
salida • n dalje (f), ikje (f)
salir • v dal
saliva • n pështymë (f)
salsa • n salcë (f), lëng mishi
saltimbanqui • n akrobat
salud • interj gëzuar • n shëndet (m)
saludo • n të fala!
salvación • n shpëtim
salvaje • n bishë (n)
salvia • n sherbelë (f)
samario • n samarium
samovar • n samovar (m)
samurái • n samuraj (m)
sanar • v shëroj, kuroj
sandía • n shalqi (m), bostan (m), shalqi
sangre • n gjak (m)
sanguijuela • n rrodhe, shushunjë, gjakpirës
sanguja • n rrodhe, shushunjë, gjakpirës
sanidad • n shëndet (m)
sanitario • n tualet
santo • adj shenjtë
sapo • n zhabë (f)
sarrio • n dhia e egër
sátira • n satirë (f)
satírico • adj satirik
satisfecho • adj i lumtur, i kënaqur
sauce • n shelg (m)
seca • n thatësirë
seco • adj i thatë
secreto • n sekret
secta • n sekt (m)

sed • n etje (f), et (m)
sediento • adj etur
seguido • adv shpesh
seguir • v ndjek
segundo • adj dytë • n sekondë (f)
seguridad • n siguri (f)
selección • n zgjedhje
selenio • n selen
selva • n pyll
semana • n javë (f)
semántica • n semantikë (f)
semejar • v shëmbëllej
semen • n spermë (f), lëng seminal (m)
semental • n hamshor (m)
semilla • n farë (f)
sencillo • adj thjeshtë
senda • n shteg
sendero • n shteg
seno • n gji
sensación • n ndjenjë (f)
sentar • v ulem
sentir • v ndiej, pendohem
señor • n zotëri, zotëri (m)
señorita • n virgjëreshë (f)
septentrional • adj verior
septuagésimo • adj shtatëdhjetë
sepultura • n varr (m)
sequía • n thatësirë
ser • v jam
serpiente • n gjarpër (m)
serrín • n tallash (m)
serrucho • n sharrë dore
servicio • n shërbim
servilleta • n pecetë (f)
servir • v shërbej
seta • n kërpudhë (f)
sexagésimo • adj gjashtëdhjetë
sexismo • n seksizëm (m)
sexo • n gjini
sexto • adj gjashtë
sexualmente • adv seksualisht
sexy • adj joshës, tërheqës
si • conj nëse
sierpe • n gjarpër (m)
sierra • n kreshtë (f), sharrë (f)
siglo • n shekull (m)
signo • n shenjë (f)
silbato • n fishkëllimë (f)

silencio • *n* heshtje *(f)*
silicio • *n* silicium
silla • *n* karrige *(f)*
sillón • *n* divan
simbólico • *adj* simbolik
símbolo • *n* shenjë, simbol
simio • *n* majmun *(m)*
simple • *adj* thjeshtë
simplificar • *v* thjeshtëzoj
sin • *prep* pa
sinceridad • *n* ndershmëri *(f)*
singular • *adj* njëjës • *n* njëjës, numri njëjës *(m)*
singulto • *n* lemzë *(f)*
sinopsis • *n* konspekt
sintagma • *n* frazë *(f)*
sintetizador • *n* sintetizues *(m)*
sinvergüenza • *n* qelbanik
sirope • *n* shurup *(m)*
sistema • *n* sistem
sitio • *n* vend
sobaco • *n* sqetull
soberbia • *n* arrogancë
soberbio • *adj* arrogant
soborno • *n* ryshfet *(m)*, mitë *(f)*
sobre • *n* zarf • *prep* mbi, lart
sobrehumano • *adj* mbinjerëzor
sobrenatural • *adj* mbinatyrshëm
sobretodo • *n* pallto
sobrina • *n* mbesë *(f)*
sobrino • *n* nip *(m)*
socialismo • *n* socializmi *(m)*, socializëm *(m)*
sociedad • *n* shoqëri *(f)*
socorro • *n* ndihmë
sodio • *n* natrium
sofá • *n* divan
software • *n* softuer *(m)*, softver *(m)*
soga • *n* litar
sol • *n* rreze dielli *(f)*
soldado • *n* ushtar *(m)*
solidificar • *v* ngrij
soltero • *n* beqar *(m)* • *adj* pamartuar
sombra • *n* fantazmë *(f)*, lugat, gogol, hije *(f)*
sombrero • *n* kapelë *(f)*
sombrilla • *n* çadër *(f)*, ombrellë *(f)*
son • *n* tingull *(m)*
sonido • *n* tingull *(m)*
sonreír • *v* buzëqesh
sonrisa • *n* buzëqeshje *(f)*
soñador • *n* ëndërrues *(m)*, ëndërruese *(f)*
soñadora • *n* ëndërrues *(m)*, ëndërruese *(f)*
soñar • *v* ëndërroj
sórdido • *adj* pistë
sordo • *adj* i shurdhër
sorteo • *n* short *(m)*
sortija • *n* unazë *(f)*
sosiego • *n* paqe *(f)*
sostén • *n* gjimbajtëse *(f)*
sostener • *v* mbaj
sótano • *n* bodrum, qilar *(m)*
soutien • *n* gjimbajtëse *(f)*
subir • *v* hipën
súbitamente • *adv* papritur
submarino • *n* nëndetëse *(f)*
subsidio • *n* subvencion *(m)*
substantivo • *n* emër
subvención • *n* subvencion *(m)*
suceder • *v* ndodhë
sucio • *adj* ndyrë
sudar • *v* djersij
sudor • *n* djersë *(f)*
suegra • *n* vjehërr *(f)*
suegro • *n* vjehërr *(m)*
sueldo • *n* rrogë *(f)*
suelo • *n* tokë *(f)*, dysheme *(f)*
sueño • *n* gjumë, ëndërr *(f)*
suero • *n* hirrë *(f)*
suerte • *n* fat, soj, farë *(f)*
suéter • *n* pulovër *(m)*
suficiencia • *n* aftësi *(f)*
suficientemente • *adv* mjaft
suicidio • *n* vetëvrasje *(f)*
sujetador • *n* gjimbajtëse *(f)*
sujetar • *v* mbaj
sultán • *n* sultan *(m)*
sumario • *n* konspekt
sumergir • *v* zhyt
sumergirse • *v* zhyt
supermercado • *n* supermarket
superpoblación • *n* mbipopullim *(m)*
superstición • *n* supersticioni, besëtytni *(f)*
supersticioso • *adj* besëtytë
sur • *n* jug *(m)*
surco • *n* brazdë, rrudhë
sureño • *adj* jugor
sustantivo • *n* emër
susurrar • *v* pëshpërit, fëshfërij

T

tabaco • *n* duhan *(m)*, duhan
taberna • *n* pijetore *(f)*
tabique • *n* mur *(m)*
tabla • *n* tabelë *(f)*, dhogë *(f)*
tablero • *n* dhogë *(f)*
tablilla • *n* ballanike, dhogë, tjegull
tablón • *n* dhogë *(f)*
tahona • *n* dyqan buke
taiga • *n* tajga
taladradora • *n* turjelë *(f)*
taladrar • *v* shpoj
taladro • *n* turjelë *(f)*
talego • *n* çantë *(f)*
talio • *n* talium
talón • *n* thembër *(f)*, thundër *(f)*
tamaño • *n* madhësi
tambor • *n* daulle *(f)*, tambur *(m)*
tamiz • *n* sitë *(f)*
tanda • *n* herë *(f)*
tántalo • *n* tantal
tapa • *n* kapak *(m)*, mbuloj *(m)*, kapak *(m)*
tapar • *v* mbyll
tarde • *n* mbrëmje, pasdrekë *(f)*
tarea • *n* detyrë *(f)*
tarjeta • *n* kartë *(f)*
tarta • *n* tortë *(f)*, kek
tartamudear • *v* belbëzoj
tartamudeo • *n* belbëzim *(n)*, belbëzimi, belbëzim
tasa • *n* taksë *(f)*, tatim *(m)*
tatuaje • *n* tatuazh *(m)*
taxi • *n* taksi
taxímetro • *n* taksi
taza • *n* filxhan *(m)*
té • *n* çaj *(m)*
teatro • *n* teatër *(m)*
techar • *v* mbuloj me dhoga
techo • *n* tavan *(m)*, çati *(m)*
teclado • *n* tastierë *(f)*
tecnecio • *n* teknec
tecnología • *n* teknologji *(f)*
tecolote • *n* kukuvajkë *(f)*, buf *(m)*
teja • *n* tjegull, pllakë
tejado • *n* çati *(m)*
tejer • *v* thur
tejón • *n* baldosë *(f)*
telar • *n* avlëmend, tezgjah, vegjë
teléfono • *n* telefon *(m)*
telégrafo • *n* telegraf *(m)*
telegrama • *n* telegram *(m)*
telepatía • *n* telepatia
telescopio • *n* teleskop *(m)*
televisión • *n* televizion *(m)*, televizion, televizor *(m)*
televisor • *n* televizor *(m)*
teluro • *n* telur

temblor • *n* tërmet *(m)*
temor • *n* frikë *(f)*
temperatura • *n* temperaturë *(f)*
tempestad • *n* stuhi, furtunë *(f)*
templo • *n* tempull
temporal • *n* stuhi, furtunë *(f)*
temprano • *adj* i hershëm
tendón • *n* dell *(m)*, damar *(m)*, tendin *(m)*
tenedor • *n* pirun
tener • *v* mbaj, kam
tenis • *n* tenis *(m)*
tensar • *v* shtrëngoj
teñir • *v* ngjyej
terbio • *n* terbium
tercer • *adj* tretë
tercera • *adj* tretë
tercero • *adj* tretë
terminar • *v* mbaron
termodinámica • *n* termodinamikë *(f)*
terremoto • *n* tërmet *(m)*
terreno • *n* fushë
territorio • *n* territor *(m)*
terror • *n* terror, tmerr
terrorista • *n* terrorist *(m)*
tesoro • *n* thesar *(m)*
test • *n* provim, provimi
testa • *n* kokë *(f)*
teta • *n* gji
tetera • *n* çajnik
tetrámetro • *n* tetrametër *(m)*
texto • *n* tekst *(m)*, libër shkollor *(m)*
tez • *n* pamje e lëkurës *(m)*
tía • *n* teze, emtë, hallë
tiburón • *n* peshkaqen *(m)*
tiempo • *n* mot *(m)*, kohë *(f)*
tienda • *n* dyqan *(m)*
tierra • *n* vend *(m)*
tigre • *n* tigri
tijera • *n* gërshërë *(f)*
tilo • *n* bli *(m)*
tímido • *adj* ndrojtur
tinta • *n* bojë
tinto • *n* kafeja *(f)*
tío • *n* ungji, xhaxha, dajë
tipo • *n* soj, farë *(f)*
tirar • *v* gjuaj, qëlloj
tirarse • *v* qij, shkërdhej
tiritar • *v* fërgëlloj
titanio • *n* titan
tiza • *n* shkumës *(f)*
toalla • *n* peshqir
tobillo • *n* noçkë *(f)*
tobo • *n* kovë
tocar • *v* prek, ndiej
tocino • *n* derr *(m)*, thi *(m)*
tomar • *v* mbaj, merr, pi

tomate • *n* domate
tonto • *n* budalla, idiot *(m)* • *adj* budalla
topo • *n* urith *(m)*
toque • *n* prekje *(f)*
torcido • *adj* shtrembër
torio • *n* torium
tormenta • *n* shtrëngatë *(f)*, stuhi, furtunë *(f)*
tornasol • *n* lule dielli *(f)*
tornillo • *n* vidhë *(f)*, helikë *(f)*
toro • *n* ka
torre • *n* kullë *(f)*, kala *(f)*
torta • *n* tortë *(f)*, kek
tortuga • *n* breshkë *(f)*
tos • *n* kollë *(f)*
toser • *v* kollitem
totol • *n* gjeli i detit
trabajador • *n* punëtor *(m)*
trabajar • *v* punoj
trabajo • *n* punë *(f)*
tractor • *n* traktor *(m)*
tradición • *n* traditë *(f)*
tradicionalmente • *adv* tradicionalisht
traducción • *n* përkthim
traducir • *v* përkthej
traductor • *n* përkthyes *(m)*, përkthyese *(f)*
traductora • *n* përkthyes *(m)*, përkthyese *(f)*
traer • *v* sjell, shkoj të marr
tráfico • *n* trafik *(m)*
tragar • *v* gëlltit, gëlltis
trago • *n* pije *(f)*, dhallë *(f)*
tragón • *adj* lakmitar
traidor • *n* tradhtar *(m)*
traidora • *n* tradhtar *(m)*
traje • *n* fustan
tranca • *n* kar *(m)*
transbordador • *n* trap *(m)*
transitivo • *adj* kalimtar
transparente • *adj* tejdukshëm
tranvía • *n* tramvaj

trasero • *n* byth *(f)*, bythë *(f)*
trastornado • *adj* marrë
trébol • *n* tërfil
tren • *n* tren *(m)*
triángulo • *n* trekëndësh *(m)*
tribu • *n* fis *(m)*
tribunal • *n* gjykatë
triciclo • *n* triçikël *(f)*
trigésima • *adj* tridhjetë
trigésimo • *adj* tridhjetë
trigo • *n* grurë *(f)*
trinche • *n* pirun
trinchera • *n* hendek *(m)*
trineo • *n* sajë *(f)*
tripa • *n* zorrë *(f)*
triste • *adj* trishtuar, pikëlluar
tritón • *n* triton *(m)*
triunfar • *v* arrij
triunfo • *n* atu
trofeo • *n* trofe *(f)*
trol • *n* troll *(m)*
trompeta • *n* bori
tronada • *n* shtrëngatë *(f)*
trono • *n* fron *(m)*
trozo • *n* pjesë
trucha • *n* troftë *(f)*
trueno • *n* bubullimë *(f)*
tubo • *n* tub *(m)*
tucúquere • *n* kukuvajkë *(f)*, buf *(m)*
tulio • *n* tulium
tumba • *n* varr *(m)*
tunco • *n* derr *(m)*, thi *(m)*
tundra • *n* tundër
túnel • *n* tunel *(m)*
tungsteno • *n* volfram
turba • *n* turmë *(f)*, turmë *(f)*
turbante • *n* çallmë *(f)*
turca • *n* kar *(m)*
turismo • *n* turizmi
turón • *n* qelbësi

U

u • *conj* ose, apo, a
ungüento • *n* pomadë *(f)*
unicornio • *n* briqen, njëbrirësh *(m)*
unión • *n* bashkim
universidad • *n* universitet *(m)*
universo • *n* gjithësi *(f)*
uña • *n* thua *(f)*
uranio • *n* urani
urbe • *n* qytet
uretra • *n* uretër
urna • *n* qivur, arkivol *(m)*

urogallo • *n* gjeli i egër
urraca • *n* grifsha, laraskë
usar • *v* përdor
ustedes • *pron* ju
usuario • *n* përdoruesi
útero • *n* mitër
útil • *adj* dobishëm
utilizar • *v* përdor
uva • *n* rrush *(m)*

V

vaca • n lopë (f)
vacío • n boshllëk (m) • adj bosh
vado • n va
vagar • n arrakat
vagina • n vaginë (f), vagjinë (f)
vago • adj përtac, dembel
vaina • n bishtajë (f)
vajilla • n pjatë (f)
valentía • n guxim (m), trimëri (f)
valeroso • adj guximshëm
valiente • adj guximshëm
valija • n baule (f)
valle • n luginë (f), val (m)
valor • n guxim (m), trimëri (f)
valquiria • n valkire
vampiro • n dhampir (m)
vanadio • n vanad
vapor • n avull (m)
vaporizar • v avulloj
varón • n burrë, trim, djalë (m)
vaso • n qelq (m)
váter • n tualet
vega • n livadhe
vehículo • n automjet (m), mjet (m)
vela • n vel, qiri (m)
velocidad • n shpejtësia (f)
vena • n damar (m), venë (f)
venado • n dre (m), sutë (f), drenushë (f), sorkadhe (f)
vencedor • n fitues
venda • n fashë (f), fashaturë (f)
vendaje • n fashë (f), fashaturë (f)
vendar • v fashim
vendedor • n shitës, tregtar, shitës (m)
vender • v shes
veneno • n helm (m), helm
venganza • n gjakmarrje (f), hakmarrje (f)
venida • n arritje (f)
venir • v vij
ventaja • n përfitim (m), epërsi, avantazh
ventana • n dritare
ventrículo • n barkushe (f)
ver • v shoh
verano • n verë (f)
verbo • n folje (f)
verdad • n e vërteta (f)
verde • adj gjelbër
verdura • n perime, zarzavate
verga • n kar (m)
vergar • v qij, shkërdhej
vergüenza • n turp (m)
verruga • n lez
vértigo • n marramendje

vestido • n fustan
vestir • v vesh
vez • n herë (f)
vía • n rrugë
víbora • n gjarpër (m)
vicio • n ves (m)
vida • n jetë (f)
vidrio • n xham (m), dritares (f)
viejo • adj vjetër, plak
viento • n erë (f)
vientre • n bark (m), bark
viga • n rreze (f)
vigésimo • adj njëzetë
vinagre • n uthull (f)
vinazo • n thashetheme (f), çuçurimë (f)
vino • n verë (f)
violación • n përdhunim (m)
violar • v përdhunoj, dhunoj
violeta • n vjollcë
violín • n violina (f)
violonchelo • n celo
virgen • n virgjëreshë (f)
virginal • adj virgjër
virginidad • n virgjëri (f)
virología • n viriologji (f)
virtud • n virtyt
virus • n virus (m)
visa • n vizë (f)
visado • n vizë (f)
visible • adj dukshëm
visita • n vizitë (f)
visitar • v vizitoj
viuda • n ve
vivacidad • n gazmend
vivienda • n apartament (m)
vivir • v jetoj
vivo • adj gjallë
vocablo • n fjalë (f), llaf (m)
vocal • adj vokal (m)
vocero • n mbrojtës
vodka • n vodkë (f)
volador • n qift
volantín • n qift
volcán • n vullkan
voleibol • n volejboll (m)
voluntad • n vullnet (m)
vomitar • v vjell
vosotras • pron ju
vosotros • pron ju
voz • n zë (m)
vulgar • n njeri vulgar
vulgariano • adj vulgar
vulgo • n turmë (f)

W

wáter • *n* tualet
watercló • *n* tualet
whisky • *n* uiski

wolframio • *n* volfram

X

xenofobia • *n* ksenofobi
xenón • *n* ksenon

xilófono • *n* ksilofon

Y

y • *conj* dhe
ya • *adv* tashmë
yegua • *n* kalë, pelë *(f)*
yema • *n* verdhë veze
yerno • *n* dhëndër *(m)*
yesca • *n* ashkël, ashër

yesquero • *n* çakmak *(m)*
yihad • *n* xhihat *(m)*
yodo • *n* jod
yogur • *n* kos *(m)*, jogurt *(m)*
yugo • *n* zgjedhë *(f)*

Z

zanahoria • *n* karotë *(f)*
zancudo • *n* mushkonjë
zanja • *n* hendek *(m)*
zapallo • *n* kungull *(m)*
zapato • *n* këpucë
zarcillo • *n* vathë *(f)*
zarpa • *n* putër *(f)*
zarzamora • *n* manaferrë *(f)*

zinc • *n* zink
zoo • *n* kopësht zoologjik *(m)*
zoológico • *n* kopësht zoologjik *(m)*
zorra • *n* ujkonjë, kurvë *(f)*, dhelpër *(f)*, dhelpra, kurvë *(f)*, prostitutë *(f)*
zorro • *n* dhelpër *(f)*, dhelpra
zueco • *n* galloshe *(f)*

ALBANÉS-ESPAÑOL

A

a • *conj* o, u
abazhur • *n* pantalla *(f)*
absurd • *adj* absurdo
acetilen • *n* acetileno *(m)*
acid • *n* ácido *(m)*
adapt • *adj* adaptado • *v* adaptar, ajustar
adet • *n* habituación *(f)*, costumbre
adjektiv • *n* adjetivo *(m)*
admiral • *n* almirante *(m)*
admirim • *n* admiración *(f)*
admiroj • *v* admirar
admirues • *n* admirador *(m)*, admiradora *(f)*
admiruese • *n* admirador *(m)*, admiradora *(f)*
adrenalina • *n* adrenalina *(f)*
adresë • *n* dirección *(f)*
aerodrom • *n* aeropuerto *(m)*
aeroplan • *n* avión *(m)*, aeroplano *(m)*
aeroport • *n* aeropuerto *(m)*
afërsi • *n* intimidad
afërsisht • *adv* aproximadamente
afërt • *adj* cercano, cerca
afishe • *n* cartel
afro • *adv* aproximadamente
aftësi • *n* suficiencia, pericia, habilidad, aptitud *(f)*
agimi • *v* amanecer
agresion • *n* agresión *(f)*
agresiv • *adj* agresivo
agrikulturë • *n* agricultura *(f)*
ai • *pron* ello, él, ella, eso, lo
ajër • *n* aire *(m)*
ajkë • *n* nata *(f)*, crema *(f)*
ajnshtajnium • *n* einstenio *(m)*
ajo • *pron* ello, él, ella, eso, lo
akord • *n* acorde
akrep • *n* escorpión *(m)*, alacrán *(m)*
akrobat • *n* acróbata *(f)*, saltimbanqui *(m)*, equilibrista *(m)*
akromegalia • *n* acromegalia *(f)*
aksident • *n* accidente *(m)*
aktin • *n* actinio *(m)*
aktivitet • *n* actividad *(f)*
aktor • *n* actor *(m)*, actriz *(f)*
aktore • *n* actor *(m)*, actriz *(f)*
akull • *n* hielo *(m)*
akullnaja • *n* glaciar *(m)*, helero *(m)*
akullore • *n* helado *(m)*
alfabet • *n* alfabeto *(m)*, abecedario *(m)*
alkool • *n* alcohol *(m)*
altar • *n* altar *(m)*
alte • *n* malvavisco *(m)*

altoparlant • *n* altavoz *(m)*
ambasadë • *n* embajada *(f)*
ambasador • *n* embajador *(m)*, embajadora *(f)*
americ • *n* americio *(m)*
amëtar • *adj* natal *(f)*
amfib • *n* anfibio *(m)*
anabolizmi • *n* anabolismo *(m)*
ananas • *n* piña *(f)*, ananás *(m)*
anarkizëm • *n* anarquismo *(m)*
anasoni • *n* anís *(m)*
andej • *adv* por allí, hacia allá
anemi • *n* anemia *(f)*
anë • *n* lado *(m)*
angjinarja • *n* alcachofa *(f)*, alcaucil *(m)*, alcacil *(m)*
anije • *n* barco *(m)*, buque *(m)*, nave *(f)*
anime • *n* anime
ankth • *n* pesadilla *(f)*
antimon • *n* antimonio *(m)*
anus • *n* ano *(m)*
apartament • *n* piso *(m)*, apartamento *(m)*, departamento *(m)*, vivienda
apati • *n* apatía *(f)*
apatik • *adj* apático, indiferente
apendektomi • *n* apendicectomía *(f)*
apo • *conj* o, u
apogje • *n* apogeo *(m)*
apologji • *n* disculpa *(f)*, excusa *(f)*
apostrof • *n* apóstrofo *(m)*
ar • *n* oro *(m)*
arar • *n* granjero *(m)*, granjera *(f)*
ardhur • *n* presupuesto
arë • *n* campo *(m)*
arëz • *n* abejorro *(m)*, abejarrón *(m)*, abejón *(m)*, moscardón *(m)*, avispa *(f)*
argano • *n* cabrestante *(m)*
argëtim • *n* espectáculo *(m)*, entretenimiento *(m)*
argon • *n* argón *(m)*
argument • *n* argumento *(m)*
argjend • *n* plata *(f)*
argjendar • *n* forjador del oro, orfebre *(f)*, platero *(m)*, platera *(f)*
argjendurina • *n* cubiertos
argjent • *n* plata *(f)*
argjilë • *n* arcilla *(f)*, barro *(m)*
ari • *n* oso *(m)*
aristokraci • *n* aristocracia *(f)*
aristokrat • *n* aristócrata *(m)*
aritmetik • *adj* aritmético
aritmetikë • *n* aritmética *(f)*
ariu • *n* oso *(m)*
arixheshkë • *n* gitano *(m)*, gitana *(f)*

arixhi • *n* gitano *(m)*, gitana *(f)*
arkaik • *adj* arcaico
arkeolog • *n* arqueólogo *(m)*, arqueóloga *(f)*
arkeologe • *n* arqueólogo *(m)*, arqueóloga *(f)*
arkeologji • *n* arqueología *(f)*
arkeologjik • *adj* arqueológico
arkë • *n* caja, esqueleto, jaulón, empaque, guacal *(m)*
arkëtar • *n* cajero
arkëtare • *n* cajero
arkipelag • *n* archipiélago *(m)*
arkitekt • *n* arquitecto, arquitecta *(f)*
arkitekte • *n* arquitecto, arquitecta *(f)*
arkitekturë • *n* arquitectura *(f)*
arkivol • *n* ataúd *(m)*, féretro *(m)*, cajón *(m)*, urna *(f)*
armatë • *n* ejército *(m)*
armatos • *v* armar
armatosur • *adj* armado
armë • *n* arma *(f)*
armëndreqës • *n* armero *(m)*, armera *(f)*
armëpunues • *n* armero *(m)*, armera *(f)*
armëpushim • *n* armisticio *(m)*
armik • *n* enemigo *(m)*
armiqësi • *n* enemistad *(f)*
armiqësor • *adj* hostil
armor • *n* armadura *(f)*, blindaje *(m)*
arnoj • *v* remendar
aromë • *n* fragancia *(f)*, aroma *(m)*
arpunues • *n* forjador del oro, orfebre *(f)*
arsenik • *n* arsénico *(m)*
arsim • *n* educación *(f)*
arsimoj • *v* educar, instruir
arsimor • *adj* educativo *(m)*, educacional
arsimtar • *n* maestro *(m)*, maestra *(f)*, profesor *(m)*, profesora *(f)*, docente *(f)* • *adj* educativo *(m)*, educacional
arsimtare • *n* maestro *(m)*, maestra *(f)*, profesor *(m)*, profesora *(f)*, docente *(f)*
arsye • *n* razón *(f)*
arsyeshëm • *adj* razonable
arsyetoj • *v* legitimar, justificar
art • *n* arte *(m)*
arterie • *n* arteria *(f)*
arteriosklerozë • *n* arteriosclerosis *(f)*
artificial • *adj* artificial
artikull • *n* artículo *(m)*
artileri • *n* artillería *(f)*
artilerist • *n* artillero *(m)*
artiljer • *n* artillero *(m)*
artist • *n* artista *(f)*
artiste • *n* artista *(f)*
artistik • *adj* artístico *(m)*

artizanat • *n* artesanía
artrit • *n* artritis *(f)*
arrakat • *n* vagar, callejero
arratisem • *v* escapar, liberarse, fugarse
arratisur • *n* fugitivo *(m)*
arrestim • *n* arresto *(m)*
arrë • *n* nuez *(f)*, fruta seca *(f)*, nogal *(m)*, noguera *(f)*
arrëthyese • *n* cascanueces *(m)*
arrëz • *n* atlas *(m)*
arrij • *v* lograr, triunfar, tener éxito, llegar
arrishtë • *n* nogal *(m)*
arritje • *n* llegada *(f)*, venida *(f)*, arribo *(m)*
arrogancë • *n* arrogancia *(f)*, soberbia *(f)*, altanería *(f)*, altivez *(f)*
arrogant • *adj* arrogante, soberbio, altivo, altanero, creído, presumido
asamble • *n* asamblea *(f)*
aseksualitet • *n* asexualidad *(f)*
asfalt • *n* asfalto *(m)*, hormigón asfáltico *(m)*
asfare • *pron* ninguno
asfiksi • *n* asfixia *(f)*
asfiksim • *n* estrangulador *(m)*
asgjë • *pron* nada
asgjëkund • *adv* en ninguna parte
asgjësoj • *v* eliminar, matar
asimetrik • *adj* asimétrico
asistent • *n* ayudante *(m)*, asistente *(f)*
asistente • *n* ayudante *(m)*, asistente *(f)*
asket • *n* asceta *(f)*
asketizëm • *n* ascetismo *(m)*, ascética *(f)*
askund • *adv* en ninguna parte
askush • *pron* nadie, ninguno
asnjanësim • *n* neutralización *(f)*
asnjë • *pron* nadie, ninguno
asnjëherë • *adv* nunca, jamás
asonancë • *n* asonancia *(f)*
aspak • *pron* ninguno
aspekt • *n* aspecto *(m)*
aspirinë • *n* aspirina *(f)*, aspirinar *(f)*
astar • *n* forro *(m)*
astat • *n* astato *(m)*
asteroid • *n* asteroide *(m)*, planetoide *(m)*
astmë • *n* asma *(f)*
astrofizikë • *n* astrofísica
astrologji • *n* astrología *(f)*
astronaut • *n* astronauta *(f)*
astronom • *n* astrónomo *(m)*
astronomi • *n* astronomía *(f)*
ashensor • *n* ascensor *(m)*, elevador *(m)*
ashër • *n* yesca *(f)*
ashkël • *n* yesca *(f)*
ata • *pron* ellos *(m)*, ellas *(f)*

atdhe • *n* patria *(f)*, país *(m)*
atdhetar • *n* patriota *(f)*
atdhetare • *n* patriota *(f)*
ateizëm • *n* ateísmo
atë • *n* padre *(m)*
atëherë • *adv* entonces
atësi • *n* paternidad *(f)*
atje • *adv* allí, ahí, allá, de allá
atlas • *n* atlas *(m)*
atlet • *n* atleta *(f)*, deportista *(f)*
atlete • *n* atleta *(f)*, deportista *(f)*
atletik • *adj* atlético *(m)*
atletikë • *n* atletismo *(m)*
atmosferë • *n* atmósfera *(f)*, aire *(m)*, ambiente *(m)*, clima *(m)*
ato • *pron* ellos *(m)*, ellas *(f)*
atribuoj • *v* atribuir
atribut • *n* atributo *(m)*
atrofi • *n* atrofia *(f)*
atu • *n* pinte *(m)*, triunfo *(m)*
aty • *adv* allí, ahí, allá
atypëratyshëm • *adj* rápido
auditor • *n* auditorio *(m)*, sala *(f)*
aureolë • *n* halo *(m)*
aurorë • *n* aurora *(f)*
autoambulancë • *n* ambulancia *(f)*
autobiografi • *n* autobiografía *(f)*
autobot • *n* aljibe *(m)*, cisterna *(f)*
autobus • *n* autobús *(m)*, bus *(m)*, camión *(m)*, camioneta *(f)*, cazadora *(f)*, guagua *(f)*, micro *(f)*, micro *(m)*, ómnibus *(m)*, bondi *(m)*, rufa *(f)*
autocisternë • *n* aljibe *(m)*, cisterna *(f)*
autodidakt • *n* autodidacto *(m)*, autodidacta *(f)*
autograf • *n* firma *(f)*, autógrafo *(m)* • *v* autografiar, manuscribir
autoklavë • *n* autoclave *(f)*
autokrat • *n* autócrata *(m)*

autokritikë • *n* crítica *(f)*
autokton • *adj* indígena *(f)*
automat • *n* autómata *(m)*
automatik • *adj* automático *(m)*, automático
automatizim • *n* automatización
automjet • *n* vehículo *(m)*
automobil • *n* automóvil *(m)*, carro *(m)*, coche *(m)*, auto *(m)*, máquina *(m)*
automobilistik • *adj* automotor
automobilm • *n* automóvil *(m)*, carro *(m)*, coche *(f)*, auto *(m)*
autonom • *adj* autónomo *(m)*
autonomi • *n* autonomía *(f)*
autopsi • *n* autopsia *(f)*
autor • *n* escritor *(m)*, escritora *(f)*, autor *(m)*, autora *(f)*
autorësi • *n* autoría
autoritet • *n* autoridad *(f)*
autorizim • *n* autorización *(f)*
autorizoj • *v* autorizar
autostradë • *n* carretera *(f)*
avancë • *n* avance *(m)*, adelanto *(m)*
avancim • *n* avance, progreso
avantazh • *n* ventaja *(f)*
aventurë • *n* aventura *(f)*
aviacion • *n* aviación *(f)*
avion • *n* aeronave *(f)*
avlëmend • *n* telar
avokat • *n* abogado *(m)*, abogada *(f)*, notario *(m)*
avull • *n* vapor *(m)*
avullim • *n* evaporación *(f)*
avulloj • *v* vaporizar
axhami • *n* amateur *(f)*, novato *(m)*, principiante *(f)*
azot • *n* nitrógeno *(m)*

B

baba • *n* padre *(m)*
babagjysh • *n* abuelo *(m)*
babo • *n* partera *(f)*, comadrona *(f)*, matrona *(f)*
bacil • *n* bacilo *(m)*
backos • *v* abofetear, cachetear
bagazh • *n* equipaje *(m)*
bajame • *n* almendro *(m)*, amígdala *(f)*, amígdala palatina *(f)*, almendra *(f)*
bajat • *adj* revenido, manido, anquilosado
bajgë • *n* excremento *(m)*, estiércol *(m)*, abono *(m)*

bajloz • *n* gigante *(m)*
bajonetë • *n* bayoneta *(f)*
bajukë • *n* cerceta *(f)*, barraquete *(m)*
bakall • *n* abacero *(m)*, abacera *(f)*
bakër • *n* cobre *(m)*
bakërpunues • *n* calderero
bakërt • *adj* cobrizo
bakllama • *n* cerrojo *(m)*
bakllavaja • *n* baclava *(f)*
bakteriologji • *n* bacteriología *(f)*
baladë • *n* balada *(f)*
balancë • *n* equilibrio *(m)*
balast • *n* lastre *(m)*, balastro *(m)*, balas-

to *(m)*
balastoj • *v* lastrar
baldosë • *n* tejón *(m)*
balenë • *n* ballena *(f)*
balerinë • *n* bailarina *(f)*
balistik • *adj* balístico
balistikë • *n* balística *(f)*
balonë • *n* globo *(m)*
baltë • *n* barro *(m)*, lodo *(m)*, fango *(m)*
ballafaqoj • *v* enfrentar
ballanike • *n* ripia *(f)*, tablilla *(f)*
ballë • *n* frente *(f)*
ballkon • *n* balcón *(m)*
balluke • *n* china *(f)*, flequillo *(m)*, capul *(m)*, cerquillo *(m)*, chasquilla *(f)*, fleco *(m)*, pava *(f)*, perrera *(f)*, pollina *(f)*
bambu • *n* bambú *(m)*
bamje • *n* okra *(f)*, chaucha turca *(f)*, chimbombó *(m)*, guingambó *(m)*, molondrón *(m)*, ñajú *(m)*, quimbombó *(m)*, quingombó *(m)*
banakier • *n* barman *(m)*
banal • *adj* banal
banane • *n* bananero *(m)*, banana *(f)*, banano *(m)*, cambur *(m)*, guineo *(m)*, mínimo *(m)*, plátano *(m)*, plátano fruta *(m)*
bandë • *n* bandada *(f)*
banka • *n* banca *(f)*, banco *(m)*
banket • *n* comida festiva *(f)*, banquete *(m)*
bankë • *n* banca *(f)*, banco *(m)*
bankier • *n* banquero *(m)*, banquera *(f)*
banjë • *n* cuarto de baño *(m)*, baño
baobab • *n* baobab *(m)*
bar • *n* pasto *(m)*, hierba *(f)*, grama *(f)*
barabar • *adv* igualmente
barabrinjës • *adj* equilátero
bardhë • *adj* blanco
bari • *n* pastor *(m)*, ovejero *(m)*
bariton • *n* barítono *(m)*
barium • *n* bario *(m)*
bark • *n* barriga, barriga *(f)*, panza, vientre, vientre *(m)*
barkushe • *n* ventrículo *(m)*
baron • *n* barón *(m)*
baroneshë • *n* baronesa *(f)*
barut • *n* pólvora *(f)*
barrë • *n* embarazo *(m)*, gravidez
barrikadë • *n* barricada *(f)*
basketbolli • *n* baloncesto *(m)*, básquetbol *(m)*
bashkatdhetar • *n* compatriota *(f)*
bashkë • *adv* junto
bashkëfajtor • *adj* cómplice
bashkëfajtore • *adj* cómplice
bashkëkohor • *adj* contemporario, contemporáneo
bashkënxënës • *n* compañero de clase *(m)*, compañera de clase *(f)*
bashkënxënëse • *n* compañero de clase *(m)*, compañera de clase *(f)*
bashkëpunim • *n* colaboración *(f)*, cooperación
bashkëveprim • *n* interacción *(f)*
bashkim • *n* unión *(f)*
bashkohen • *v* reunir, juntar, recoger
bashkoj • *v* reunir, juntar, ensamblar, construir, montar
batalion • *n* batallón *(m)*
batanije • *n* manta *(f)*, cobija *(f)*, colcha *(f)*, frazada *(f)*, frisa *(f)*
bateri • *n* pila *(f)*, batería *(f)*
bathë • *n* haba *(f)*, frijol *(m)*, habichuela, judía, alubia *(f)*, poroto *(m)*
baule • *n* maleta *(f)*, valija *(f)*
bazalti • *n* basalto *(m)*
be • *n* juramento *(m)*
bejsbol • *n* béisbol *(m)*
bekoj • *v* bendecir
bel • *n* cintura *(f)*
belbëzim • *n* tartamudeo *(m)*
berber • *n* peluquero *(m)*, peluquera *(f)*
beretë • *n* boina
berilium • *n* berilio *(m)*
berkelium • *n* berkelio *(m)*
besë • *n* fe *(f)*
besëtytë • *adj* supersticioso
besëtytni • *n* superstición *(f)*
besim • *n* fe *(f)*
besoj • *v* creer, entender
betejë • *n* lucha *(f)*, batalla *(f)*
bezh • *n* beige, beige *(m)*, beis
bëj • *v* hacer
bërbëlit • *n* parloteo, cotorreo
bërbëlitje • *v* parlotear, cotorrear
bërtas • *v* gritar
bërthamëza • *n* nucléolo *(m)*
bërthamor • *adj* nuclear *(f)*
bërryl • *n* codo *(m)*
bibliotekë • *n* librería *(f)*, biblioteca *(f)*
biçak • *n* navaja *(f)*
biçikletë • *n* bicicleta *(f)*, bici *(f)*
bie • *v* caer, caerse
bijë • *n* hija *(f)*
bikini • *n* biquini *(m)*
bilanc • *n* balance *(m)*
bilardo • *n* billar *(m)*
bilbil • *n* ruiseñor *(m)*
biletë • *n* entrada *(f)*, pasaje *(f)*, billete *(m)*
bimë • *n* planta *(f)*, mata *(f)*
bindje • *n* obediencia *(f)*
binjak • *n* gemelo *(m)*, mellizo *(m)*, cua-

te *(m)*, cuache *(m)*, guacho *(m)*, guares, jimagua *(m)*, morocho *(m)*
biofizikë • *n* biofísica *(f)*
biograf • *n* biógrafo *(m)*, biógrafa *(f)*
biografi • *n* biografía *(f)*
biokimi • *n* bioquímica *(f)*
biolog • *n* biólogo *(m)*, bióloga *(f)*
biologji • *n* biología *(f)*
biologjik • *adj* biológico
bir • *n* hijo *(m)*
birinxhi • *adj* excelente
birucë • *n* celda *(f)*, bartolina *(f)*
birrari • *n* hotel *(m)*, albergue *(m)*
birrë • *n* cerveza *(f)*, birra *(f)*
bis • *n* bis *(m)* • *interj* bis, otra
bisedë • *n* diálogo *(m)*, conversación *(f)*
bisturi • *n* lanceta *(f)*
bishë • *n* bestia *(f)*, animal *(m)*, salvaje *(f)*
bisht • *n* cola *(f)*
bishtajë • *n* vaina *(f)*
bitum • *n* betún
bizele • *n* guisante, guisante *(m)*, alverja *(f)*, arveja *(f)*, chícharo *(m)*, pésol *(m)*, petit pois *(m)*, bisalto *(m)*
bizmut • *n* bismuto *(m)*
biznesmen • *n* hombre de negocios *(m)*, empresario *(m)*
bizon • *n* bisonte *(m)*, bisonte
blegtor • *n* ganadero, oferta de los ganados
blej • *v* creer, comprar
bletar • *n* apicultor *(m)*, apicultora *(f)*, colmenero *(m)*, colmenera *(f)*, abejero *(m)*, abejera *(f)*
bletari • *n* apicultura *(f)*
bletë • *n* abeja *(f)*
bli • *n* tilo *(m)*, esturión *(m)*
blozë • *n* hollín *(m)*
bllokim • *n* atasco *(m)*
boa • *n* boa *(f)*
bobo • *interj* ay, ay de mí
bodrum • *n* sótano *(m)*
bojaxhi • *n* pintor *(m)*, pintora *(f)*, barnizador *(m)*, barnizadora *(f)*
bojë • *n* tinta *(f)*
bojëkafe • *n* café *(m)*, marrón *(m)*, canelo *(m)*, carmelita *(f)*, carmelito *(m)*, castaño *(m)*, pardo *(m)*, moreno *(m)*, bronceado *(m)*
bojkotim • *n* boicot *(m)*, boicoteo *(m)*
bojkotoj • *v* boicotear
boks • *n* boxeo *(m)*
bollëk • *n* abundancia
bombë • *n* bomba *(f)*
bonjak • *n* huérfano *(m)*, huérfana *(f)*
bonjake • *n* huérfano *(m)*, huérfana *(f)*

bor • *n* boro *(m)*
boraks • *n* bórax *(m)*, borraj *(m)*
bordel • *n* casa de citas *(f)*, burdel *(m)*, lupanar *(m)*, prostíbulo *(m)*, mancebía *(f)*, casa de putas *(f)*
bordello • *n* casa de citas *(f)*, burdel *(m)*, lupanar *(m)*, prostíbulo *(m)*, mancebía *(f)*, casa de putas *(f)*
borë • *n* nieve *(f)*
borës • *n* pinzón vulgar *(m)*
bori • *n* trompeta *(f)*
boronicë • *n* arándano *(m)*, mirtilo *(m)*, mora azul *(f)*, arándano azul *(m)*
borsh • *n* borscht *(m)*, borshch *(m)*
borzilok • *n* albahaca *(f)*
bostan • *n* sandía *(f)*, melón de agua *(m)*, patilla *(f)*
bosh • *adj* vacío
boshllëk • *n* vacío *(m)*
botë • *n* mundo *(m)*
bovë • *n* boya *(f)*
bozhure • *n* peonía *(f)*
braktis • *v* abandonar
brazdë • *n* surco *(m)*
bredh • *n* abeto *(m)*
breg • *n* costa *(f)*, orilla *(f)*, litoral *(m)*
bregdet • *n* costa *(f)*, litoral *(m)*
bren • *v* roer
breshëri • *n* granizo *(m)*, pedrisco *(m)*
breshkë • *n* tortuga *(f)*, peta *(f)*, tortuga terrestre *(f)*, morrocoy *(m)*
bretkosë • *n* rana *(f)*, braza *(m)*, estilo braza *(m)*
brez • *n* cinturón *(m)*, cincho *(m)*, cinto *(m)*, correa *(f)*, faja *(f)*
bri • *n* cornamenta *(f)*, asta *(f)*, cuerno *(m)*, cacho *(m)*, pito *(m)*, bocina *(f)*, claxon *(m)*, corneta *(f)*, fotuto *(m)*
brinar • *n* cornudo *(m)*
brinor • *adj* córneo
brinj • *n* cornamenta *(f)*, asta *(f)*, cuerno *(m)*
briqen • *n* unicornio *(m)*
briri • *n* pito *(m)*, bocina *(f)*, claxon *(m)*, corneta *(f)*, fotuto *(m)*
brisk • *n* navaja *(f)*
brokë • *n* garrafa *(f)*
brom • *n* bromo *(m)*
brumbull • *n* escarabajo *(m)*
brumë • *n* masa *(f)*, pasta *(f)*
brymë • *n* escarcha *(f)*
buall • *n* búfalo *(m)*
bubu • *interj* ay, ay de mí
bubullimë • *n* trueno *(m)*
budalla • *n* bobo *(m)*, tonto *(m)*, necio *(m)*, imbécil • *adj* tonto, necio, estúpido *(m)*, menso *(m)*, gilí, pendejo *(m)*, impru-

dente
buf • *n* búho *(m)*, lechuza *(f)*, tecolote *(m)*, mochuelo *(m)*, autillo *(m)*, cárabo *(m)*, cuco *(m)*, sijú cotunto *(m)*, caburé *(m)*, chuncho *(m)*, anteojo *(m)*, tucúquere *(m)*
bujk • *n* granjero *(m)*, granjera *(f)*
bukë • *n* pan *(m)*
bukur • *adj* hermoso *(m)*, hermosa *(f)*, bello *(m)*, bella *(f)*, linda *(f)*, guapo *(m)*, guapa *(f)*, bonito *(m)*, bonita *(f)*
bukurshkrim • *n* caligrafía *(f)*
buldozer • *n* aplanadora *(f)*, bulldozer *(m)*
bulkth • *n* grillo *(m)*
bumerang • *n* bumerán *(m)*, búmeran *(m)*
burg • *n* cárcel *(f)*, prisión *(f)*, penitenciaría *(f)*
burim • *n* fuente *(f)*
burokraci • *n* burocracia *(f)*
burrë • *n* hombre *(m)*, marido *(m)*, esposo *(m)*, varón *(m)*
buxhet • *n* presupuesto *(m)*
buxhetor • *adj* presupuesto *(m)* • *n* presupuesto
buzë • *n* orilla *(f)*, borde *(m)*, labio *(m)*, labro *(m)*
buzëqesh • *v* sonreír
buzëqeshje • *n* sonrisa *(f)*
byk • *n* barcia *(f)*, bagazo *(m)*
byrek • *n* pastel *(m)*
byth • *n* culo *(m)*, nalgas, trasero *(m)*
bythë • *n* culo *(m)*, nalgas, trasero *(m)*
byzylyk • *n* brazalete *(m)*, pulsera *(f)*

C

cak • *n* límite *(m)*
cedra • *n* cedro *(m)*
cekëtinë • *n* bajo *(m)*, bajofondo *(m)*
celo • *n* chelo *(m)*, violonchelo *(m)*
centrifuge • *n* centrífuga *(f)*
centurie • *n* centuria *(f)*
cerium • *n* cerio *(m)*
cezurë • *n* cesura *(f)*
cigare • *n* cigarrillo *(m)*
ciklon • *n* ciclón *(m)*
cinik • *n* cínico *(m)*, cínico, cínica *(f)*
citat • *n* cita *(f)*
citologji • *n* citología *(f)*
copë • *n* pieza *(f)*, pedazo *(m)*
cubar • *n* mujeriego *(m)*, gallinazo *(m)*, rompecorazones *(f)*, donjuán *(m)*, cachero del oeste, lacho *(m)*

Ç

ç' • *pron* qué, cuál
çadër • *n* parasol *(m)*, paraguas *(m)*, sombrilla *(f)*
çaj • *n* té *(m)*
çajnik • *n* tetera *(f)*
çakall • *n* chacal *(m)*
çakmak • *n* encendedor *(m)*, briquet *(m)*, fosforera *(f)*, lighter *(m)*, mechero *(m)*, yesquero *(m)*
çallmë • *n* turbante *(m)*
çantë • *n* bolsa *(f)*, saco *(m)*, cartucho *(m)*, funda *(m)*, jaba *(f)*, talego *(m)*
çapka • *n* garza *(f)*
çast • *n* momento *(m)*
çati • *n* techo *(m)*, tejado
çekan • *n* martillo *(m)*
çekiç • *n* martillo *(m)*
çelës • *n* clave *(f)*, llave *(f)*
çelik • *n* acero *(m)*
çerek • *n* cuarto *(m)*, cuartel *(m)*
çereke • *n* fanega
çështje • *n* problema *(m)*, dificultad *(f)*, lío *(m)*
çfarë • *pron* qué, cuál • *adv* qué, cómo
çiklizmit • *n* ciclismo *(m)*
çimento • *n* cemento *(m)*
çirak • *n* aprendiz
çliroj • *v* liberar
çmim • *n* precio *(m)*
çokollatë • *n* chocolate *(m)*
çuçurimë • *n* chisme *(m)*, bochinche *(m)*, brete *(f)*, cahuín *(m)*, chambre *(f)*, chimento *(m)*, chirmol *(m)*, cocoa *(f)*, copucha *(f)*, cotilleo *(m)*, cuecho *(m)*, mitote *(m)*, argüende *(m)*, vinazo *(m)*
çuçurjar • *n* chismoso *(m)*, chismosa *(f)*, copuchento *(m)*, argüendero *(m)*, argüendera *(f)*, alcahuete *(m)*, cotilla *(f)*
çuditshëm • *adj* raro, extraño
çukë • *n* pico *(m)*, cima *(f)*, cumbre *(f)*

D

dado • *n* niñera *(f)*, canguro *(m)*, china *(f)*
dajë • *n* tío *(m)*
dakord • *interj* de acuerdo, concordar
dal • *v* partir, salir
dalje • *n* salida *(f)*
daltë • *n* formón *(m)*, cincel *(m)*, escoplo *(m)*
dallëndyshja • *n* golondrina *(f)*
damar • *n* tendón *(m)*, vena *(f)*
damë • *n* damas
dardhë • *n* pera *(f)*, peral *(m)*
darkë • *n* cena *(f)*
dasmë • *n* boda *(f)*, nupcias, casamiento *(m)*
dash • *n* carnero *(m)*, morueco *(m)*, ariete *(m)*
dashnore • *n* querida *(f)*, amante
dashur • *n* amor *(m)*, cariño *(m)*
dashuri • *n* amor *(m)*
datë • *n* fecha *(f)*, data *(f)*
daulle • *n* tambor *(m)*
debatoj • *v* debatir
degë • *n* rama *(f)*, ramita *(f)*, astilla *(f)*, ramo *(m)*
dehur • *adj* pedo *(m)*, borracho, ebrio *(m)*
dele • *n* oveja *(f)*, oveja madre *(f)*
delfin • *n* delfín *(m)*
deltinë • *n* arcilla *(f)*, barro *(m)*
dell • *n* tendón *(m)*
dembel • *adj* perezoso, flojo, locho, haragán, vago
demokraci • *n* democracia *(f)*
dentist • *n* dentista *(f)*, odontólogo *(m)*
deodorant • *n* desodorante *(m)*
derë • *n* puerta *(f)*
derr • *n* coche *(m)*, cocho *(m)*, cerdo *(m)*, chancho *(m)*, chon *(m)*, cochi *(m)*, cochín *(m)*, cochino *(m)*, cuchi *(m)*, cuto *(m)*, gocho *(m)*, gorrino, guarro *(m)*, marrano *(m)*, puerco *(m)*, tocino *(m)*, tunco *(m)*
det • *n* mar *(f)*
detyra • *n* deber *(m)*, obligación *(f)*
detyrë • *n* deber *(m)*, obligación *(f)*, tarea *(f)*, quehacer *(m)*
deve • *n* camello *(m)*, dromedario *(m)*
dëbim • *n* deportación *(f)*
dëgjo • *v* escuchar
dëgjoj • *v* oír, escuchar
dëgjon • *v* oír
dëllinjë • *n* junípero *(m)*, enebro *(m)*, ginebro *(m)*
dëm • *n* daño *(m)*, damno

dëmtim • *n* daño *(m)*, damno
dëmtoj • *v* dañar
dënim • *n* castigo *(m)*
dërdëllisje • *n* algarabía *(f)*, farfulla *(f)*, monserga *(f)*
dërmoj • *v* demoler
dëshirë • *n* deseo *(m)*
dëshiron • *v* desear, anhelar
dëshirueshëm • *adj* deseable, conveniente
dëshmoj • *v* avalar, atestiguar
di • *v* saber
diakronik • *adj* diacrónico
dialekt • *n* dialecto *(m)*
dialog • *n* diálogo *(m)*, conversación *(f)*
diamant • *n* diamante *(m)*
dietë • *n* dieta *(f)*, dieta
digë • *n* presa *(f)*
dimër • *n* invierno *(m)*
dinamit • *n* dinamita *(f)*
dinamo • *n* dinamo *(m)*
dinjitet • *n* dignidad *(f)*
disk • *n* disco
diskutim • *n* discusión *(f)*
diskutoj • *v* debatir
disporz • *n* disprosio *(m)*
distancë • *n* distancia *(f)*
ditar • *n* diario *(m)*
ditë • *n* día *(m)*
ditëlindje • *n* cumpleaños *(m)*, natalicio *(m)*
divan • *n* sofá *(m)*, sillón *(m)*
djalë • *n* niño *(m)*, varón *(m)*, chico *(m)*, muchacho *(m)*, chaval *(m)*
djall • *n* demonio, diablo *(m)*
djathë • *n* queso *(m)*
djathtë • *adj* derecho *(m)*, derecha *(f)*, diestra
dje • *n* ayer • *adv* ayer *(m)*
djegje • *n* quemadura *(f)*, quemar
djep • *n* cuna *(f)*
djersë • *n* sudor *(m)*
djersij • *v* sudar
do • *v* desear, querer
dobët • *adj* flojo, débil, feble, flaco
dobishëm • *adj* útil
doktrinë • *n* doctrina *(f)*
dokument • *n* documento *(m)*
dokumentimi • *n* documentación *(f)*
domate • *n* tomate *(m)*
donut • *n* dona *(f)*, rosquilla *(f)*, anillo *(m)*
dorak • *n* pesas, mancuerna *(f)*
dore • *n* muñeca *(f)*

dorezë • *n* guante *(m)*
dorë • *n* mano *(f)*
dragoi • *n* dragón *(m)*, guiverno *(m)*
drapër • *n* hoz *(f)*
dre • *n* ciervo *(m)*, venado *(m)*
dredhkë • *n* hiedra *(f)*
drejtë • *adj* derecho, recto, justo, correcto, directo, liso • *n* derecho *(m)*
drejtim • *n* dirección *(f)*
drejtkëndësh • *n* rectángulo *(m)*
drekë • *n* almuerzo *(m)*, comida *(f)*, mediodía *(m)*
drekëhera • *n* mediodía *(m)*
drekoj • *v* almorzar
drenushë • *n* ciervo *(m)*, venado *(m)*
dreq • *n* diablo *(m)*
dritare • *n* ventana *(f)*
dritares • *n* vidrio *(m)*
dritë • *n* luz *(f)*
drithi • *n* cereal *(m)*
dru • *n* árbol *(m)*
duhan • *n* tabaco *(m)*
dukshëm • *adj* evidente, visible
durim • *n* paciencia *(f)*
duroj • *v* aguantar, perdurar
dush • *n* ducha *(f)*, regadera *(f)*
dybek • *n* mantequera *(f)*, lechera *(f)*
dygjinishëm • *adj* bisexual
dygjuhësh • *adj* bilingüe
dylbek • *n* mantequera *(f)*, lechera *(f)*

dylbi • *n* gemelos, binoculares, prismáticos
dyllë • *n* esperma *(f)*, cera *(f)*
dyqan • *n* comercio *(m)*, tienda *(f)*, negocio *(m)*
dyshek • *n* colchón *(m)*
dysheme • *n* suelo *(m)*, piso *(m)*
dytë • *adj* segundo *(m)*
dyzetë • *adj* cuadragésimo
dhallë • *n* bebida *(f)*, trago *(m)*
dhampir • *n* vampiro
dhe • *conj* y, e
dhelpër • *n* zorra *(f)*, zorro *(m)*
dhelpra • *n* zorra *(f)*, zorro *(m)*
dhembje • *n* dolor *(m)*
dhëmb • *n* diente *(m)*
dhëndër • *n* novio *(m)*, yerno *(m)*
dhi • *n* cabra *(f)*, chivo *(m)*
dhjamë • *n* grasa *(f)*
dhjetë • *adj* décimo *(m)*, décima *(f)*
dhogë • *n* tablón, ripia *(f)*, tablilla *(f)*, tabla *(f)*, tablero *(m)*
dhomë • *n* sala *(f)*, cuarto *(m)*, pieza *(f)*, habitación *(f)*, recámara *(f)*
dhunoj • *v* violar
dhuratë • *n* regalo *(m)*, presente *(m)*
dhurim • *n* donación *(f)*, donativo *(m)*
dhuroj • *v* acordar, conceder, conferir

E

ecën • *v* ir
eci • *v* caminar, andar
edukim • *n* educación *(f)*
edukoj • *v* educar, instruir
ejakulacion • *n* eyaculación *(f)*
ekologji • *n* ecología *(f)*
ekonomi • *n* economía *(f)*
ekonomia • *n* economía *(f)*
ekran • *n* pantalla *(f)*
ekuatori • *n* ecuador *(m)*
ekuilibër • *n* equilibrio *(m)*
elb • *n* cebada *(f)*
elefant • *n* elefante *(m)*
elektriciteti • *n* electricidad *(f)*
elektromagnetizëm • *n* electromagnetismo *(m)*
elektroni • *n* electrón *(m)*
elektronik • *adj* electrónico
elektronika • *n* electrónica *(f)*
eliminoj • *v* eliminar
emër • *n* nombre substantivo *(m)*, nombre sustantivo *(m)*, substantivo *(m)*, sustantivo *(m)*, nombre *(m)*, fama *(f)*, reputación *(f)*, renombre *(m)*
emigrim • *n* inmigración *(f)*
emigroj • *v* emigrar
emocion • *n* afecto *(m)*, emoción *(f)*
emtë • *n* tía *(f)*
enciklopedi • *n* enciclopedia *(f)*
energji • *n* energía *(f)*
engjëll • *n* ángel *(m)*
entomologji • *n* entomología *(f)*
epërsi • *n* ventaja *(f)*, beneficio *(m)*, provecho *(m)*
epshmëri • *n* flexibilidad *(f)*
epshor • *adj* jodontón, cachondo, caliente, arrecho, lascivo
erbium • *n* erbio *(m)*
ereksion • *n* erección *(f)*
erë • *n* olfato *(m)*, viento *(m)*
erëz • *n* especia *(f)*
ermelina • *n* armiño *(m)*
errësirë • *n* oscuridad *(f)*
et • *n* sed *(f)*

etje • *n* sed *(f)*
etur • *adj* sediento
europ • *n* europio *(m)*

Ë

ëmbël • *adj* sabroso, rico, gustoso, dulce
ëmbëlsi • *n* dulzura *(f)*, agradabilidad *(f)*
ëmbëlsirë • *n* confección, hechura *(f)*
ëmë • *n* madre *(f)*
ëndërr • *n* sueño *(m)*

evolucion • *n* evolución *(f)*

ëndërroj • *v* soñar
ëndërrues • *n* soñador *(m)*, soñadora *(f)*
ëndërruese • *n* soñador *(m)*, soñadora *(f)*
është • *v* es, está, hay

F

fabrikë • *n* planta *(f)*, fábrica *(f)*
fabul • *n* fábula *(f)*
fagot • *n* bajón *(m)*, fagot *(m)*
faj • *n* defecto *(m)*, falla *(f)*, culpa
faks • *n* fax *(m)*
fal • *v* perdonar
falas • *adv* gratis
faleminderit • *interj* gracias
famë • *n* lustre *(m)*
famëmadh • *adj* famoso
familje • *n* familia *(f)*
famshëm • *adj* famoso
famull • *n* ahijado *(m)*, ahijada *(f)*
fanar • *n* faro *(m)*
fantazmë • *n* fantasma *(m)*, espectro *(m)*, espíritu *(m)*, aparecido *(m)*, aparición *(f)*, sombra *(f)*, alma *(f)*
faqe • *n* mejilla *(f)*, cacha *(f)*, cachete *(f)*
far • *n* faro *(m)*
farë • *n* semilla *(f)*, suerte *(f)*, género *(m)*, tipo *(m)*, clase *(f)*
farkë • *n* fragua *(f)*, forja *(f)*
farkëtar • *n* herrero *(m)*, herrera *(f)*, forjador *(m)*, forjadora *(f)*, fabro *(m)*
farmakologji • *n* farmacología *(f)*
fasule • *n* haba *(f)*, frijol *(m)*, habichuela, judía, alubia *(f)*, poroto *(m)*
fashaturë • *n* venda *(f)*, vendaje *(m)*
fashë • *n* venda *(f)*, vendaje *(m)*
fashim • *v* vendar
fashizmi • *n* fascismo *(m)*
fat • *n* suerte *(f)*
fatal • *adj* fatal
favorit • *n* adlátere, lacayo, achichincle
fazani • *n* faisán *(m)*
fe • *n* religión *(f)*
feçkë • *n* barrito *(m)*, berrido *(m)*

federatë • *n* federación *(f)*
femër • *n* hembra *(f)*, mujer *(f)*
femëror • *adj* femenino
fermë • *n* finca *(f)*, granja *(f)*
fermium • *n* fermio *(m)*
ferrëkuqe • *n* arbusto *(m)*
festë • *n* festividad *(f)*, fiesta *(f)*, reventón *(m)*, pachanga *(f)*, carrete *(m)*
fëmijë • *n* hijo *(m)*, hija *(f)*, niño *(m)*, niña *(f)*, infante *(m)*
fëndë • *n* pedo *(m)*
fëndyell • *n* lezna *(f)*, lesna *(f)*, alesna *(f)*, punzón *(m)*
fërgëlloj • *v* tiritar, temblar de frío
fërkoj • *v* acariciar, frotar
fëshfërij • *v* susurrar
figurë • *n* figura *(f)*
fijan • *n* ahijado *(m)*, ahijada *(f)*
film • *n* película *(f)*, cine *(m)*
filologji • *n* filología *(f)*
filxhan • *n* copa *(f)*, taza *(f)*
fill • *n* hilo *(m)*
filloj • *v* comenzar, iniciar, empezar
fis • *n* tribu *(f)*
fisnik • *n* noble
fishek • *n* cartucho *(m)*
fishkëllimë • *n* pito *(m)*, chifle *(m)*, silbato *(m)*
fitues • *n* ganador *(m)*, ganadora *(f)*, vencedor *(m)*
fizarmonikë • *n* acordeón *(m)*
fjalë • *n* palabra *(f)*, vocablo *(m)*
fjalëkalim • *n* contraseña
fjalëkalimi • *n* contraseña *(f)*
fjali • *n* oración *(f)*
fjalim • *n* habla *(f)*
fjalor • *n* diccionario *(m)*

fjalorth • *n* glosario *(m)*
fjongo • *n* cinta *(f)*, moño *(m)*, lazo *(m)*, galón *(m)*
flakë • *n* flama *(f)*, llama
flamur • *n* bandera *(f)*
flas • *v* hablar
flaut • *n* flauta *(f)*
fle • *v* dormir
flegër • *n* narina
fletë • *n* página *(f)*
fletore • *n* cuaderno *(m)*
floktar • *n* peluquero *(m)*, peluquera *(f)*
fluor • *n* flúor *(m)*
flutur • *n* mariposa *(f)*
fllucka • *n* burbuja *(f)*, pompa *(f)*
flluskë • *n* burbuja *(f)*, pompa *(f)*
fobi • *n* fobia *(f)*
fole • *n* nido *(m)*
folje • *n* verbo *(m)*
fortesë • *n* fortaleza *(f)*
fortë • *adj* duro, fuerte
fosfor • *n* fósforo *(m)*
foshnja • *n* guagua *(f)*, niño *(m)*, niña *(f)*, bebé *(m)*, nene *(m)*, bebe *(m)*
foto • *n* fotografía *(f)*, foto *(f)*
fotografi • *n* fotografía *(f)*, foto *(f)*
fotografia • *n* fotografía *(f)*
francium • *n* francio *(m)*
frazë • *n* expresión *(f)*, frase *(f)*, sintagma *(m)*
fre • *n* brida *(f)*
freskët • *adj* fresco *(m)*
frigorifer • *n* frío *(m)*, frigorífico *(m)*, heladera *(f)*, nevera *(f)*, refrigerador *(m)*, refrigeradora *(f)*
frikacak • *n* gallina *(f)*, cobarde *(f)*
frikë • *n* miedo *(m)*, temor *(m)*
fron • *n* trono *(m)*

fruta • *n* fruta *(f)*
frutë • *n* fruta *(f)*, fruto *(m)*
fruti • *n* fruta *(f)*, fruto *(m)*
frymë • *n* respiro *(m)*, aliento *(m)*, respiración
frymëmarrje • *n* respiración *(f)*
fshat • *n* campo *(m)*, pueblo *(m)*, aldea *(f)*
fshatar • *n* campesino *(m)*
fshesë • *n* escoba *(f)*, escobillón *(m)*
ftillohem • *v* entender
ftohtë • *adj* frío
ftohtësi • *n* frío *(m)*
ftoj • *v* invitar, convidar
ftua • *n* membrillo *(m)*, membrillero *(m)*
fulterëz • *n* renacuajo *(m)*, ranacuajo *(m)*
fund • *n* fondo *(m)*
fundos • *v* hundir
funeral • *n* funeral *(m)*, entierro *(m)*
funksion • *n* función *(f)*
furçë • *n* pincel *(m)*, cepillo *(m)*, escobilla *(f)*, brocha *(f)*
furtunë • *n* tormenta *(f)*, tempestad *(f)*, temporal *(m)*
furrë • *n* horno *(m)*
fustan • *n* vestido *(m)*, traje *(m)*
fusha • *n* abanico *(m)*
fushë • *n* campo *(m)*, terreno *(m)*, ámbito *(m)*, cuerpo *(m)*
futboll • *n* fútbol *(m)*, futbol *(m)*, futbol, balompié *(m)*, pambol, balón-pie *(m)*
fyt • *n* garganta *(f)*
fytyrë • *n* expresión *(f)*, aspecto *(m)*, cara *(f)*, faz *(f)*, rostro *(m)*

G

gabim • *n* error *(m)*, equivocación *(f)*, defecto *(m)*, falla *(f)*
gadishull • *n* península *(f)*
gadolin • *n* gadolinio *(m)*
gaforre • *n* cangrejo *(m)*, jaiba *(f)*, langosta *(f)*
gajasje • *n* risa
galaktik • *adj* galáctico *(m)*
galaktikë • *n* galaxia *(f)*
galë • *n* grajilla *(f)*
galium • *n* galio *(m)*
galloshe • *n* bota para la lluvia *(f)*, bota de lluvia *(f)*, bota de goma *(f)*, zueco *(m)*, chanclo *(m)*

gamilja • *n* dromedario *(m)*
gangrenë • *n* gangrena *(f)*
garazh • *n* garaje *(m)*
gardh • *n* patio *(m)*
garë • *n* raza *(f)*
gatuaj • *v* cocinar
gaz • *n* felicidad, alegría *(f)*, gozo *(m)*, júbilo, regocijo, gas *(m)*
gazetar • *n* periodista *(f)*
gazetari • *n* periodismo *(m)*
gazetë • *n* periódico *(m)*
gazmend • *n* vivacidad *(f)*
gazolinë • *n* gasolina *(f)*, bencina *(f)*, nafta *(f)*

germanium • *n* germanio *(m)*
gëlltis • *v* tragar, engullir, deglutir, ingurgitar
gëlltit • *v* tragar, engullir, deglutir, ingurgitar
gëmushë • *n* arbusto *(m)*
gënjej • *v* mentir
gënjeshtar • *n* mentiroso *(m)*, mentirosa *(f)*, embustero *(m)*
gënjeshtër • *n* mentira *(f)*
gërhas • *v* roncar
gërhimë • *n* ronquido *(m)*
gërshërë • *n* tijera *(f)*
gështenjë • *n* castaña *(f)*
gëzoj • *v* disfrutar, gozar
gëzuar • *interj* salud • *adj* contento
gic • *n* lechón *(m)*
gisht • *n* mano, dedo *(m)*
gishtëz • *n* dedo *(m)*, dedal *(m)*
gogol • *n* fantasma *(m)*, espectro *(m)*, espíritu *(m)*, aparecido *(m)*, aparición *(f)*, sombra *(f)*, alma *(f)*
gojë • *n* boca *(f)*
gojor • *adj* oral
gollomësh • *adj* desnudo
gomar • *n* asno *(m)*, burro *(m)*
gomë • *n* caucho *(m)*, cubierta *(f)*, goma *(f)*, neumático *(m)*, llanta *(f)*, rueda *(f)*, borrador, goma de borrar *(f)*, borra *(f)*
gozhdë • *n* clavo *(m)*
grabujë • *n* rastrillo *(m)*
gram • *n* gramo *(m)*
gramatikë • *n* gramática *(f)*
grerëz • *n* abejorro *(m)*, abejarrón *(m)*, abejón *(m)*, moscardón *(m)*, avispa *(f)*
grifon • *n* grifo
grifsha • *n* grajilla *(f)*, arrendajo *(m)*, urraca *(f)*
grigjë • *n* congregación *(f)*, grey *(m)*
grihë • *n* muela *(f)*, piedra de afilar *(f)*, piedra de amolar *(f)*
grip • *n* gripe *(f)*
gropë • *n* fosa *(f)*
grua • *n* mujer *(f)*, esposa *(f)*
grumbulloj • *v* reunir, juntar
grurë • *n* trigo *(m)*
grusht • *n* puño *(m)*
grushtim • *n* puñetazo *(m)*, puñete *(m)*
grushtoj • *v* punzonar, dar un puñetazo
guaskë • *n* concha *(f)*
gufim • *n* bulto *(m)*, abultamiento *(m)*, protuberancia *(f)*
gufohem • *v* abultar
gujava • *n* guayaba *(f)*
gungë • *n* joroba *(f)*, corcova *(f)*
gur • *n* piedra *(f)*, roca *(f)*

guralecë • *n* guijarro
gutë • *n* gota *(f)*
guxim • *n* valor *(m)*, coraje *(m)*, valentía *(f)*
guximshëm • *adj* valiente, valeroso, corajudo
gjahtar • *n* cazador *(m)*
gjak • *n* sangre *(f)*, crúor, lazo de sangre *(m)*
gjakmarrje • *n* venganza *(f)*
gjakos • *v* ensangrentar
gjakpirës • *n* sanguijuela *(f)*, sanguja *(f)*, hirudíneo *(m)*
gjalpë • *n* mantequilla *(f)*, manteca *(f)*
gjallë • *adj* vivo, crudo
gjarpër • *n* serpiente *(f)*, culebra *(f)*, sierpe, víbora
gjashtë • *adj* sexto
gjashtëdhjetë • *adj* sexagésimo
gjashtëkëndësh • *n* hexágono *(m)*
gjatë • *adj* largo, alto
gjatësi • *n* largo *(m)*, eslora *(f)*, longitud *(f)*
gjej • *v* encontrar, hallar
gjelbër • *adj* verde
gjellëtore • *n* restaurante *(m)*, restorán *(m)*
gjendër • *n* glándula *(f)*
gjenocidi • *n* genocidio *(m)*
gjeometri • *n* geometría
gjeraqina • *n* azor *(m)*
gjerdan • *n* collar *(m)*
gjerë • *adj* ancho, amplio, ancha *(f)*, amplia *(f)*, grande
gjethe • *n* hoja *(f)*
gjëmoj • *v* rugir, retumbar
gji • *n* golfo *(m)*, pecho *(m)*, seno *(m)*, teta *(f)*
gjilpërë • *n* aguja *(f)*
gjimbajtëse • *n* ajustador *(m)*, brasier *(m)*, corpiño *(m)*, sostén *(m)*, soutien *(m)*, sujetador *(m)*
gjini • *n* sexo *(m)*, género *(m)*
gjinkallë • *n* chicharra *(f)*, cigarra *(f)*, coyuyo *(m)*
gjinore • *n* genetivo *(m)*, caso genitivo *(m)*
gjirafë • *n* jirafa *(f)*
gjitar • *n* mamífero *(m)*, perezoso *(m)*, pereza *(f)*
gjithësi • *n* cosmos *(m)*, universo *(m)*
gjoks • *n* pecho *(m)*
gju • *n* rodilla *(f)*, hinojo *(m)*
gjuaj • *v* cazar, disparar, tirar
gjuetar • *n* cazador *(m)*
gjueti • *n* caza *(f)*
gjuhë • *n* lengua *(f)*, idioma *(m)*

gjuhësi • *n* lingüística *(f)*
gjumë • *n* sueño *(m)*
gjykatë • *n* corte *(f)*, tribunal *(m)*, juzgado *(m)*
gjymtyrë • *n* miembro, extremidad *(f)*
gjyq • *n* juicio *(m)*, proceso *(m)*
gjyqtar • *n* juez *(m)*

gjysmë • *n* mitad *(f)*
gjysh • *n* abuelo *(m)*
gjyshje • *n* abuela *(f)*
gjyzlykë • *n* anteojos, espejuelos, gafas, lentes

H

ha • *v* comer
hafnium • *n* hafnio *(m)*
hakmarrje • *n* venganza *(f)*
halë • *n* acícula *(f)*
hallë • *n* tía *(f)*
hamak • *n* hamaca *(f)*, hamaca paraguaya *(f)*
hamburgeri • *n* hamburguesa *(f)*
hamshor • *n* potro *(m)*, semental *(m)*, cojudo *(m)*, entero *(m)*, padrillo *(m)*
han • *n* posada *(f)*
hardhucë • *n* lagarto *(m)*
hark • *n* arco *(m)*
harpë • *n* arpa *(f)*, harpa *(f)*
hartë • *n* mapa *(m)*
harroj • *v* olvidar
harrueshëm • *adj* olvidable
haxh • *n* hajj *(m)*
hekur • *n* hierro *(m)*
hekurudhë • *n* ferrocarril *(m)*
helikë • *n* propulsor *(m)*, hélice *(f)*, tornillo *(m)*
helikopter • *n* helicóptero *(m)*, autogiro *(m)*
helium • *n* helio *(m)*
helm • *n* veneno *(m)*
hell • *n* carámbano *(m)*
hendboll • *n* balonmano *(m)*, handball
hendek • *n* zanja *(f)*, trinchera *(f)*, acequia *(f)*, cuneta *(f)*
hendiadyoini • *n* hendíadis
heraldika • *n* blasón *(m)*, heráldica *(f)*
herë • *n* vez *(f)*, tanda *(f)*
hero • *n* héroe *(m)*
heroinë • *n* héroe *(m)*
heshtje • *n* silencio *(m)*
heterogjen • *adj* heterogéneo
heteroseksual • *adj* heterosexual • *n* heterosexual *(f)*
hënë • *n* luna *(f)*
hi • *n* ceniza *(f)*
hidrat • *n* hidrato *(m)*
hidrogjen • *n* hidrógeno *(m)*
hidhur • *adj* amargo
hienë • *n* hiena *(f)*

higjienë • *n* higiene *(f)*
hije • *n* sombra *(f)*
himn • *n* himno *(m)*
hinkë • *n* embudo *(m)*
hiperglikemia • *n* hiperglucemia, hiperglicemia
hipën • *v* subir, ascender
hipopotam • *n* hipopótamo *(m)*
hipotekë • *n* hipoteca *(f)*
hipotekoj • *v* hipotecar
hippopotamus • *n* hipopótamo *(m)*
hirtë • *adj* gris
hirrë • *n* suero *(m)*, suero de soya *(f)*
histori • *n* historia *(f)*
historik • *adj* histórico
historikisht • *adv* históricamente
hithëra • *n* ortiga *(f)*
hlor • *n* cloro *(m)*
hokej • *n* hockey *(m)*
holmium • *n* holmio *(m)*
homo • *n* gay *(m)*, homosexual *(f)*
homogjen • *adj* homogéneo
homogjenësi • *n* homogeneidad *(f)*
homoseksual • *n* gay *(m)*, homosexual *(f)*
homoseksualitet • *n* homosexualidad *(f)*
homoseksualizëm • *n* homosexualidad *(f)*
horizont • *n* horizonte *(m)*
hormoç • *n* pícea *(f)*
hotel • *n* hotel *(m)*, albergue *(m)*
hoxhë • *n* almuédano, almuecín, muecín
hu • *n* estaca *(f)*
huaj • *n* desconocido *(m)*, extranjero *(m)*, extranjera *(f)*, desconocida *(f)*
huazoj • *v* tomar prestado
hudhër • *n* ajo *(m)*
humanizmi • *n* humanismo *(m)*
humb • *v* perder
humbas • *v* perder
hundë • *n* nariz *(f)*
hurdhe • *n* hiedra *(f)*
hurmë • *n* caqui *(m)*

huta • *n* ratonero común *(m)*, busardo *(m)*

hyn • *v* entrar

I

i • *adj* mejor
idiot • *n* bobo *(m)*, tonto *(m)*, necio *(m)*, imbécil
ijë • *n* lado *(m)*
ik • *v* partir
ikje • *n* salida *(f)*, partida *(f)*
ilaç • *n* medicamento *(m)*, medicina *(f)*
imam • *n* imán *(m)*
imunulogji • *n* inmunología *(f)*
inat • *n* ira *(f)*, enfado *(m)*, enojo *(m)*, rabia *(f)*, bravura *(f)*
inatos • *v* enojar
indeks • *n* índice *(m)*
indium • *n* indio *(m)*
industri • *n* industria *(f)*
infarkti • *n* infarto
infermiere • *n* enfermera *(f)*, enfermero *(m)*
infinitiv • *n* infinitivo *(m)*
informacion • *n* información *(f)*

informatë • *n* información *(f)*
inorganik • *adj* inorgánico
insekt • *n* insecto *(m)*
instrumental • *adj* instrumental
insulina • *n* insulina *(f)*
interesant • *adj* interesante
interpretues • *n* intérprete *(f)*
intervistë • *n* entrevista *(f)*
invertebrore • *n* invertebrado *(m)*
inxhinier • *n* ingeniero *(m)*
injorancë • *n* ignorancia *(f)*
injorant • *adj* ignorante
injoroj • *v* ignorar, desoír
irid • *n* iridio *(m)*
iriq • *n* erizo *(m)*
ishull • *n* isla *(f)*
iterb • *n* iterbio *(m)*
itrium • *n* itrio *(m)*

J

jakë • *n* cuello *(m)*
jam • *v* estar, ser, existir, haber
jastëk • *n* almohada *(f)*
jashtë • *prep* fuera de
jashtëtokësor • *n* extraterrestre, alienígena
jatagan • *n* percha *(f)*
javë • *n* semana *(f)*
jehonë • *n* eco *(m)*
jep • *v* dar, entregar, donar
jetë • *n* vida *(f)*
jetim • *n* huérfano *(m)*, huérfana *(f)*
jetime • *n* huérfano *(m)*, huérfana *(f)*
jetimore • *n* orfanato *(m)*, casa cuna *(f)*

jetoj • *v* vivir
jo • *n* no
jod • *n* yodo *(m)*
jogurt • *n* yogur *(m)*
jokalimtar • *adj* intransitivo
joorganik • *adj* inorgánico
joshë • *n* olor *(m)*
joshës • *adj* sexy
joshkencor • *adj* acientífico
jozyrtar • *adj* extraoficial
ju • *pron* vosotros, vosotras *(f)*, ustedes
jug • *n* sur *(m)*
jugor • *adj* meridional, del sur, sureño

K

ka • *n* buey *(m)*, toro *(m)*, novillo *(m)*
kabare • *n* cabaré *(m)*, cabaret *(m)*
kabinet • *n* consejo *(m)*
kacabu • *n* cucaracha *(f)*
kaci • *n* azada *(f)*, pala *(f)*
kaçavida • *n* destornillador *(m)*
kadmium • *n* cadmio *(m)*

kafaz • *n* jaula *(f)*
kafeinë • *n* cafeína *(f)*
kafeja • *n* café *(m)*, tinto *(m)*, feca *(m)*
kafkë • *n* cráneo *(m)*, calavera *(f)*
kafshë • *n* bestia *(f)*, animal *(m)*
kafshoj • *v* morder
kafshon • *v* morder

kajmak • *n* nata *(f)*, crema *(f)*
kajsi • *n* albaricoque *(m)*, chabacano *(m)*, damasco *(m)*
kakao • *n* cacao *(m)*
kaktus • *n* cacto *(m)*, cactus *(m)*
kala • *n* castillo *(m)*, castro *(m)*, torre *(f)*, fortaleza *(f)*
kalaj • *n* estaño *(m)*
kalcium • *n* calcio *(m)*
kalefornium • *n* californio *(m)*
kalem • *n* lápiz *(m)*
kalendari • *n* calendario *(m)*
kalë • *n* caballo *(m)*, yegua *(f)*
kalimtar • *adj* transitivo
kalimthi • *adv* por cierto, a propósito
kalium • *n* potasio *(m)*
kalorës • *n* caballero *(m)*, caballera *(f)*
kaltër • *adj* azul, celeste
kaltërt • *n* azul *(m)*, celeste *(m)*
kallam • *n* caña *(f)*
kallamar • *n* calamar *(m)*
kallëzore • *n* acusativo *(m)*, caso acusativo *(m)*, complemento directo *(m)*
kam • *v* tener
kamarier • *n* camarero *(m)*, garzón *(m)*, mesero *(m)*, mesonero *(m)*, mozo *(m)*
kameleon • *n* camaleón *(m)*
kamerë • *n* cámara *(f)*
kamerier • *n* camarero *(m)*, garzón *(m)*, mesero *(m)*, mesonero *(m)*, mozo *(m)*
kamë • *n* daga *(f)*, puñal *(m)*
kamion • *n* camión *(m)*, camioneta *(f)*
kampion • *n* campeón *(m)*
kampionat • *n* campeonato *(m)*
kamxhik • *n* fusta *(f)*, látigo *(m)*, flagelo *(m)*
kanabis • *n* cannabis *(m)*, cáñamo *(m)*
kanal • *n* canal *(f)*, canal *(m)*
kancer • *n* cáncer *(m)*
kandërr • *n* insecto *(m)*
kangur • *n* canguro *(m)*
kanilqyqe • *n* colombina *(f)*, aguileña
kanoniera • *n* cañonera *(f)*
kaos • *n* caos
kap • *v* detener, arrestar
kapak • *n* tapa *(m)*, tapa *(f)*, cubierta *(f)*
kapelë • *n* sombrero *(m)*
kapital • *n* capital *(m)*
kar • *n* paloma *(f)*, miembro *(m)*, pito *(m)*, pene *(m)*, carajo *(m)*, pirula *(f)*, pirulo, pirulo *(m)*, polla *(f)*, pija *(f)*, tranca *(f)*, verga *(f)*, chota *(f)*, garompa *(f)*, pipe *(m)*, poste *(m)*, poronga *(f)*, papirola *(f)*, pico *(f)*, bicho *(m)*, cipote *(m)*, huevo *(m)*, ñafle *(m)*, picha *(f)*, pichi *(m)*, pichula *(f)*, pinga *(f)*, turca *(f)*
karakteristikë • *n* característica *(f)*

karamel • *n* caramelo *(m)*
karavidhe • *n* langosta *(f)*
karboni • *n* carbono *(m)*
karijon • *n* campanólogo *(m)*
karotë • *n* zanahoria *(f)*
kartë • *n* carta *(f)*, tarjeta *(f)*, papel *(m)*
kartolinë • *n* tarjeta postal *(f)*, postal *(f)*
kartpostale • *n* tarjeta postal *(f)*, postal *(f)*
karrige • *n* silla *(f)*, asiento
kastori • *n* castor *(m)*
kastravec • *n* pepino *(m)*
kashtë • *n* paja *(f)*
katedrale • *n* catedral *(f)*
katërt • *adj* cuarto *(m)*, 4°, cuarta *(f)*, 4ª
katran • *n* alquitrán *(m)*
katror • *n* cuadro *(m)*, cuadrado *(m)*
katund • *n* pueblo *(m)*, aldea *(f)*
katundar • *n* campesino *(m)*
kauçuk • *n* caucho *(m)*
kavanoz • *n* pote *(m)*, bote *(m)*
kazan • *n* caldera *(f)*
kedra • *n* cedro *(m)*
kek • *n* pastel *(m)*, bizcocho *(m)*, cake *(m)*, ponqué *(m)*, pudín *(m)*, queque *(m)*, tarta *(f)*, torta *(f)*
keqardhje • *n* empatía *(f)*
keqkuptoj • *v* mal interpretar
ketër • *n* ardilla *(f)*
këmbanë • *n* campana *(f)*, campanilla *(f)*
këmbë • *n* pata *(f)*, pie *(m)*
këmbënyjorët • *n* artrópodo *(m)*
këmish • *n* camisa *(f)*
kënaqësi • *n* placer *(m)*
kënd • *n* ángulo *(m)*
këndoj • *v* cantar
kënetë • *n* embalsadero *(m)*, pantano *(m)*, ciénaga *(f)*, embalse *(m)*
këngë • *n* canción *(f)*
këpucë • *n* calzado *(m)*, zapato *(m)*
këpurdhë • *n* hongo *(m)*
këpushë • *n* garrapata *(f)*
kërc • *n* cartílago *(m)*
kërcimtar • *n* bailarín *(m)*, bailarina *(f)*, bailador *(m)*
kërcimtare • *n* bailarín *(m)*, bailarina *(f)*, bailador *(m)*
kërkoj • *v* buscar, inspeccionar, cachear
kërmill • *n* caracol *(m)*
kërpudhë • *n* hongo *(m)*, seta *(f)*
kërtollë • *n* patata *(f)*, papa *(f)*
kërthizë • *n* ombligo *(m)*
këshill • *n* concejo *(m)*
këshillë • *n* consejo *(m)*
këshilloj • *v* aconsejar, asesorar
kështjellë • *n* castillo *(m)*, castro *(m)*

këtu • *adv* aquí, acá
kikirik • *n* maní *(m)*, cacahuate, cacahuete *(m)*
kikirikiki • *interj* quiquiriquí *(m)*, cacareo *(m)*
kilogram • *n* kilogramo *(m)*, quilogramo *(m)*
kinema • *n* cine *(m)*, cinematógrafo *(m)*
kirium • *n* curio *(m)*
kishë • *n* iglesia *(f)*
kitarë • *n* guitarra *(f)*, jarana *(f)*
klarinetë • *n* clarinete *(m)*
klaviçembal • *n* clavicordio, clavicémbalo
klient • *n* cliente *(f)*
klimë • *n* clima *(m)*
klinikë • *n* clínica *(f)*
klitoris • *n* clítoris *(m)*
klloun • *n* payaso *(m)*, payasa *(f)*
koalë • *n* koala *(m)*
kobalt • *n* cobalto *(m)*
kockë • *n* hueso *(m)*
kodër • *n* cerro *(m)*, loma *(f)*, colina *(f)*
kofshë • *n* muslo *(m)*
kohë • *n* tiempo *(m)*
kojotë • *n* coyote *(m)*
kokë • *n* cabeza *(f)*, testa *(f)*, maceta *(f)*, marote *(m)*, sabiola *(f)*
kokëçarje • *n* dolor de cabeza *(m)*
kokosit • *n* coco *(m)*
kokosh • *n* gallo *(m)*
kokoshka • *n* palomitas de maíz *(f)*, cabritas *(f)*, cancha *(f)*, canguil *(m)*, cocaleca *(f)*, cotufas *(f)*, crispetas *(f)*, esquites *(m)*, gallitos *(m)*, maíz pira *(f)*, millo *(m)*, pipoca *(f)*, pochoclo *(m)*, pop *(m)*, popcorn *(m)*, poporopo *(m)*, pororó *(m)*, pururú *(m)*, roscas *(f)*, rosetas de maíz *(f)*, rositas de maíz *(f)*, tostón *(m)*
koleg • *n* compañero *(m)*, colega *(f)*
kolektivizim • *n* colectivización *(f)*
kolonjë • *n* agua de Colonia *(f)*
kollë • *n* tos *(f)*
kollitem • *v* toser
kometë • *n* cometa *(m)*
kompani • *n* empresa *(f)*
kompjuter • *n* computador *(m)*, computadora *(f)*, ordenador *(m)*
kompozim • *n* composición *(f)*
kompozitor • *n* compositor *(m)*, compositora *(f)*
komunizëm • *n* comunismo *(m)*
kon • *n* cono
koncert • *n* concierto *(m)*
konfederatë • *n* confederación *(f)*
konopi • *n* marihuana *(f)*, cáñamo *(m)*
konspekt • *n* resumen *(m)*, sumario *(m)*, sinopsis *(f)*
konstruksion • *n* construcción *(f)*
konsullatë • *n* consulado *(m)*
kontinent • *n* continente *(m)*
kopër • *n* eneldo *(m)*
kopësht • *n* parvulario *(m)*, jardín de infancia *(m)*, jardín infantil *(m)*, kínder *(m)*
kopil • *n* bastardo
kopile • *n* bastardo
kopsë • *n* botón *(m)*
kopsht • *n* jardín *(m)*
kopshtar • *n* jardinero *(m)*, jardinera *(f)*
kopshtare • *n* jardinero *(m)*, jardinera *(f)*
korb • *n* cuervo *(m)*
korridori • *n* pasillo *(m)*, corredor *(m)*
korrupsioni • *n* corrupción *(f)*
kos • *n* yogur *(m)*
kosë • *n* guadaña *(f)*
kosmonaut • *n* astronauta *(f)*
kovë • *n* cubo *(m)*, balde *(m)*, cubeta *(m)*, pozal *(m)*, tobo *(m)*
kozmos • *n* cosmos *(m)*
krah • *n* ala *(f)*, brazo *(m)*
kraharor • *n* arca *(f)*, baúl *(m)*
krahinë • *n* provincia *(f)*
krap • *n* carpa *(f)*
kravatë • *n* corbata *(f)*
krem • *n* crema *(f)*
kreshtë • *n* cornisa *(f)*, cresta *(f)*, cordillera *(f)*, sierra *(f)*
krijoj • *v* concebir, engendrar, dar a luz, inventar
kriket • *n* críquet *(m)*, cricket *(m)*
krim • *n* delito *(m)*
krimb • *n* gusano *(m)*, lombriz *(f)*
kriminel • *n* criminal
kripë • *n* sal *(f)*
kripton • *n* criptón *(m)*
kristal • *n* cristal *(m)*, cristal
kristalin • *adj* cristalino
krokodili • *n* cocodrilo *(m)*
krom • *n* cromo *(m)*
kryepeshkop • *n* arzobispo *(m)*
kryesisht • *adv* principalmente
kryq • *n* cruz *(f)*
kryqëzatë • *n* cruzada *(f)*
ksenofobi • *n* xenofobia *(f)*
ksenon • *n* xenón *(m)*
ksilofon • *n* xilófono *(m)*
kthetër • *n* garra *(f)*, garra
ku • *adv* dónde, adónde • *conj* dónde, donde
kub • *n* cubo *(m)*
kuçedër • *n* dragón *(m)*, guiverno *(m)*
kufi • *n* límite *(m)*, frontera *(f)*

kufomë • *n* cadáver *(m)*
kujdes • *n* consideración, reguardar *(m)*
kujtesë • *n* memoria *(f)*
kujtoj • *v* acordar, recordar
kukull • *n* muñeca *(f)*
kukutë • *n* cicuta *(f)*
kukuvajkë • *n* búho *(m)*, lechuza *(f)*, tecolote *(m)*, mochuelo *(m)*, autillo *(m)*, cárabo *(m)*, cuco *(m)*, sijú cotunto *(m)*, caburé *(m)*, chuncho *(m)*, anteojo *(m)*, tucúquere *(m)*
kulinar • *adj* culinario
kulturë • *n* cultura *(f)*, civilización *(f)*
kullë • *n* torre *(f)*
kulloj • *v* drenar
kulloshtër • *n* calostro *(m)*
kumt • *n* noticias
kunat • *n* cuñado *(m)*
kunatë • *n* cuñada *(f)*
kungull • *n* calabaza *(f)*, auyama *(f)*, ayote *(f)*, zapallo *(m)*, calabazera *(f)*
kupë • *n* copa *(f)*, cáliz *(m)*
kuptoj • *v* entender
kuq • *n* rojo • *adj* rojo, colorado, rubicundo, rubro, rufo, rúbeo

kur • *adv* cuando • *conj* cuando
kurbet • *n* inmigración *(f)*
kuroj • *v* curar, sanar
kurorë • *n* corona *(f)*
kurvë • *n* perra *(f)*, zorra *(f)*, zorra, puta *(f)*, ramera *(f)*, arpía *(f)*, golfa *(f)*, golfa, puto *(m)*, prostituta *(f)*, prostituta, fulana, guarra, mujerzuela *(f)*
kurrë • *adv* nunca, jamás
kurrgjë • *pron* nada
kurrillë • *n* grulla *(f)*
kurrkund • *adv* en ninguna parte
kush • *pron* quién, quiénes
kushtueshëm • *adj* caro, costoso, dispendioso
kuti • *n* caja *(f)*
kuturu • *adj* a su aire, inconsistente, sin ton ni son, fortuito, casual
kuvend • *n* parlamento *(m)*, convención *(f)*
kuzhinë • *n* cocina *(f)*
kuzhinier • *n* cocinero *(m)*, cocinera *(f)*
ky • *pron* esto

L

laborator • *n* laboratorio
lafshë • *n* prepucio *(m)*
lagështirë • *n* humedad *(f)*
lagur • *adj* mojado
lajm • *n* noticias
lajtore • *n* lavamanos *(m)*, fregadero *(m)*
lajthi • *n* avellana *(f)*
lak • *n* lazo *(m)*, dogal *(m)*
lakër • *n* col *(f)*, repollo *(m)*, berza *(f)*
lakim • *n* declinación *(f)*
lakmi • *n* codicia *(f)*, avaricia *(f)*, gula *(f)*, glotonería *(f)*
lakmitar • *adj* codicioso, avaricioso, tragón, ávido, avaro
lakmues • *n* mujeriego *(m)*, gallinazo *(m)*, rompecorazones *(f)*, donjuán *(m)*, cachero del oeste, lacho *(m)*
laktoza • *n* lactosa *(f)*
lakuriq • *n* murciélago *(m)* • *adj* desnudo
lakuriqësi • *n* desnudez *(f)*
lan • *v* lavar
lantan • *n* lantano *(m)*
laps • *n* lápiz *(m)*
laptopi • *n* portátil *(m)*, computador portátil *(m)*, computadora portátil *(f)*, ordenador portátil *(m)*

laraskë • *n* urraca *(f)*, picaza *(f)*
lart • *prep* sobre, arriba, encima
lartë • *adj* alto, elevado
laureshë • *n* alondra *(f)*
lavaman • *n* lavamanos *(m)*, fregadero *(m)*
lavdëroj • *v* loar, alabar
lazer • *n* láser *(m)*
ledhatoj • *v* acariciar
lehtë • *adj* fácil
lejlek • *n* cigüeña *(f)*
lejoj • *v* autorizar
lejuar • *adj* libre
leksikologji • *n* lexicología *(f)*
lemzë • *n* hipo *(m)*, singulto *(m)*
lende • *n* bellota *(f)*
leopard • *n* leopardo *(m)*
lesbo • *n* lesbiana *(f)*
lesë • *n* grada *(f)*, rastra *(m)*, escarificador
lesh • *n* lana *(f)*
leshterik • *n* algas
letër • *n* carta *(f)*, papel *(m)*
letërsi • *n* literatura *(f)*
lexoj • *v* leer
lexon • *v* leer
lez • *n* verruga *(f)*

lezetim • *n* aliño *(m)*
lëkurë • *n* piel *(f)*, cuero *(m)*
lëndim • *n* herida *(f)*, lesión *(f)*, llaga
lëng • *n* zumo *(m)*, jugo *(m)*
lëngoj • *v* atrofiar, marchitar, decaer
lëpij • *v* lamer, lamber
lëroj • *v* arar, labrar
lëvdoj • *v* loar, alabar
li • *n* lino *(m)*
libër • *n* libro *(m)*
librari • *n* librería *(f)*
lidh • *v* ensamblar, construir, montar
lidhëz • *n* conjunción *(f)*
ligavec • *n* babosa *(f)*, limaco *(m)*
ligj • *n* ley *(f)*
liman • *n* puerto *(m)*
limon • *n* limón *(m)*, citrón
lindje • *n* este *(m)*, oriente *(m)*, levante *(m)*
lindor • *adj* oriental
liqen • *n* lago *(m)*
lirë • *adj* libre, obstáculo, despejado
liri • *n* libertad *(f)*
liroj • *v* librar, liberar
lis • *n* roble *(m)*
listë • *n* lista *(f)*
litar • *n* cuerda *(f)*, soga *(f)*
literaturë • *n* literatura *(f)*
litiumi • *n* litio *(m)*
liturgjia • *n* liturgia *(f)*
liturgjik • *adj* litúrgico
livadhe • *n* prado *(m)*, vega *(f)*
lodër • *n* juguete *(m)*
logjikë • *n* lógica *(f)*
logjikisht • *adv* lógicamente
logjikshëm • *adj* lógico
lojë • *n* juego *(m)*, ludo *(m)*
lopatë • *n* azada *(f)*, pala *(f)*
lopë • *n* vaca *(f)*

lorencium • *n* lawrencio *(m)*, laurencio *(m)*
lot • *n* lágrima *(f)*
luan • *n* león
lufta • *n* acción *(f)*, batalla *(f)*
luftë • *n* lucha *(f)*, guerra *(f)*
luftën • *v* pelear, luchar
luftëtar • *n* guerrero, combatiente *(m)*, luchador *(m)*
lugat • *n* fantasma *(m)*, espectro *(m)*, espíritu *(m)*, aparecido *(m)*, aparición *(f)*, sombra *(f)*, alma *(f)*
lugë • *n* cuchara *(f)*
luginë • *n* valle *(m)*
lule • *n* flor *(f)*
lulëkuqe • *n* amapola *(f)*
lulushtrydhe • *n* fresa *(f)*, frutilla *(f)*
lumë • *n* corriente *(f)*
lumi • *n* río *(m)*
lumturi • *n* felicidad *(f)*
lundërz • *n* nutria *(f)*, lutria *(f)*
luqerbull • *n* hombre lobo *(m)*, licántropo *(m)*, lobisón *(m)*
lut • *v* pedir, requerir
lutec • *n* lutecio *(m)*
lutem • *v* rezar
lutje • *n* oración *(f)*
lym • *n* barro *(m)*, lodo *(m)*, fango *(m)*
llaf • *n* palabra *(f)*, vocablo *(m)*
llambadar • *n* araña de luces
llambë • *n* lámpara *(f)*, candil *(m)*
llastik • *n* borrador, goma de borrar *(f)*, borra *(f)*
llautë • *n* laúd *(m)*
llogaçe • *n* charco *(m)*, poza *(f)*
llogari • *n* cuenta *(f)*
llogaritar • *n* contable *(m)*, contador *(m)*
llom • *n* barro *(m)*, lodo *(m)*, fango *(m)*

M

mace • *n* gato *(m)*, gata *(f)*, gatito *(m)*
maç • *n* pica *(f)*
madhësi • *n* tamaño *(m)*
mafia • *n* mafia *(f)*
magar • *n* asno *(m)*, burro *(m)*
magnet • *n* imán *(m)*
magneziumi • *n* magnesio *(m)*
magjistar • *n* mago *(m)*
magjistare • *n* bruja *(f)*
maja • *n* levadura *(f)*
majdanoz • *n* perejil *(m)*
majmun • *n* mono *(m)*, chango *(m)*, mico *(m)*, simio *(m)*

majtë • *adj* izquierdo, izquierda
makina • *n* automóvil *(m)*, carro *(m)*, coche *(m)*, auto *(m)*, máquina *(m)*
makinë • *n* automóvil *(m)*, carro *(m)*, coche *(f)*, auto *(m)*, máquina *(f)*
makinist • *n* chofer *(m)*, conductor *(m)*, conductora *(f)*
mal • *n* montaña *(f)*
mall • *n* géneros, bienes
mallkimi • *n* maldición *(f)*
mallkoj • *v* maldecir • *n* maldito
mama • *n* mamá *(f)*
mami • *n* partera *(f)*, comadrona *(f)*, ma-

trona *(f)*
man • *n* moral *(m)*, mora *(f)*
manaferrë • *n* zarzamora *(f)*, frambuesa *(f)*
mangan • *n* manganeso *(m)*
mango • *n* manga *(f)*, mango *(m)*, mangó *(m)*
marihuanë • *n* marihuana *(f)*, mariguana *(f)*
Marijuane • *n* hierba *(f)*
marmota • *n* marmota *(f)*
martesë • *n* matrimonio *(m)*
martohem • *v* casar, casarse
marule • *n* lechuga *(f)*
marramendje • *n* mareo *(m)*, vértigo *(m)*
marrë • *adj* loco *(m)*, trastornado *(m)*
marrëzi • *n* locura *(f)*
mashkullor • *adj* masculino *(m)*
mashtroj • *v* burlar, engañar
matematika • *n* matemáticas
mbaj • *v* aguantar, agarrar, sujetar, sostener, tomar, tener
mbar • *v* llevar, cargar
mbaron • *v* acabar, terminar, finir
mbesë • *n* nieta *(f)*, sobrina *(f)*
mbeturinë • *n* basura *(f)*, desperdicios
mbi • *prep* sobre, en, arriba, encima
mbiemër • *adj* adjetival, adjetivo • *n* adjetivo *(m)*, apellido *(m)*
mbinatyrshëm • *adj* sobrenatural *(f)*
mbinjerëzor • *adj* sobrehumano
mbipopullim • *n* superpoblación *(f)*
mbledh • *v* reunir, juntar, recoger
mbret • *n* rey *(m)*
mbretëreshë • *n* reina *(f)*
mbretëri • *n* reino *(m)*, monarquía *(f)*
mbrëmje • *n* tarde *(f)*
mbroj • *v* defender
mbrojtës • *n* portavoz, representante, vocero
mbrojtje • *n* defensa *(f)*
mbrojtur • *v* proteger
mbuloj • *n* tapa *(f)*, cubierta *(f)*, portada *(f)*
mburojë • *n* escudo *(m)*
mbyll • *v* cerrar, tapar, clausurar
mbyllur • *adj* cerrado
me • *prep* con
megjithëse • *prep* a pesar de, pese a, malgrado
meit • *n* cadáver *(m)*
mel • *n* mijo *(m)*
mendelevium • *n* mendelevio *(m)*
mendim • *n* pensamiento *(m)*, opinión *(f)*
mendje • *n* mente *(f)*

mendoj • *v* concebir, pensar
menstruacion • *n* menstruación *(f)*, regla *(f)*, achaque *(m)*, periodo *(m)*
merimangë • *n* araña *(f)*
merr • *v* tomar, coger, prender
mes • *n* medio *(m)*, centro *(m)*
mesditë • *n* mediodía *(m)*
mesnatë • *n* medianoche *(f)*
metal • *n* metal *(m)*
më • *adj* mejor
mëkat • *n* pecado *(m)*
mëllenjë • *n* mirlo *(m)*
mëmë • *n* madre *(f)*
mëngë • *n* manga *(f)*
mëngjes • *n* madrugada *(f)*, mañana *(f)*, AM, desayuno *(m)*
mërgim • *n* inmigración *(f)*
mërgimtar • *n* inmigrante *(f)*
mërgoj • *v* emigrar
mëri • *n* ira *(f)*, enfado *(m)*, enojo *(m)*, rabia *(f)*, bravura *(f)*
mërkur • *n* mercurio *(m)*
mërzi • *n* esplín *(m)*
mësimor • *adj* educativo *(m)*, educacional
mëson • *v* enseñar
mësues • *n* maestro *(m)*, maestra *(f)*, profesor *(m)*, profesora *(f)*, docente *(f)*
mësuese • *n* maestro *(m)*, maestra *(f)*, profesor *(m)*, profesora *(f)*, docente *(f)*
mështekër • *n* abedul *(m)*
mëz • *n* potro *(m)*, potranco *(m)*, potra *(f)*
mi • *n* ratón *(m)*
miell • *n* harina *(f)*
mik • *n* amigo *(m)*, amiga *(f)*
mikologji • *n* micología *(f)*
mikrob • *n* microbio
mikrobiologji • *n* microbiología *(f)*
mikrofon • *n* micrófono *(m)*
mikroskop • *n* microscopio *(m)*
mikrovalë • *n* microonda *(f)*
mikser • *n* batidora *(f)*
milingonë • *n* hormiga *(f)*
milioner • *n* millonario *(m)*
milje • *n* milla *(f)*
minare • *n* alminar *(m)*, minarete *(m)*
ministri • *n* ministerio *(m)*
minutë • *n* minuto *(m)*
miqësor • *adj* amistoso, amigable
mirazh • *n* espejismo *(m)*
mirë • *adj* bueno
mirënjohës • *adj* complacido, agradecido
mirënjohje • *n* gratitud *(f)*
mirësevini • *interj* bienvenido *(m)*, bienvenida *(f)*, bienvenidos

mirësevjen • *interj* bienvenido *(m)*, bienvenida *(f)*, bienvenidos
mirësi • *n* bondad *(f)*
miri • *adj* mejor
mirupafshim • *interj* adiós, hasta luego, hasta la vista, hasta pronto, nos vemos
misionar • *n* misionero *(m)*, misionera *(f)*, misionario
mister • *n* misterio *(m)*
misterioz • *adj* misterioso
mish • *n* carne *(f)*
mishërim • *n* epítome
mit • *n* mito *(m)*
mitë • *n* soborno *(m)*, coima *(f)*, matraca *(f)*, mordida *(f)*, cohecho, alfadía *(f)*
mitër • *n* útero *(m)*, matriz *(f)*
mizë • *n* mosca *(f)*
mizor • *adj* cruel
mjaft • *adv* suficientemente
mjaltë • *n* miel *(f)*
mjedër • *n* frambueso *(m)*
mjegull • *n* niebla *(f)*, neblina *(f)*
mjek • *n* médico *(m)*, médica *(f)*
mjekër • *n* barbilla *(f)*, mentón *(m)*, pera *(f)*, barba *(f)*
mjekësi • *n* medicina *(f)*
mjellma • *n* cisne *(m)*
mjet • *n* vehículo *(m)*
mobilje • *n* mobiliario *(m)*, mueble *(m)*
moçal • *n* embalsadero *(m)*, pantano *(m)*, ciénaga *(f)*, embalse *(m)*
modem • *n* módem *(m)*
modifikim • *n* modificación *(f)*
molekula • *n* molécula *(f)*
molë • *n* polilla *(f)*
molibden • *n* molibdeno *(m)*
molla • *n* níspero japonés *(m)*
mollë • *n* manzana *(f)*
moment • *n* momento *(m)*
momenti • *n* momento *(m)*
monedhë • *n* moneda *(f)*
monoteizmi • *n* monoteísmo *(m)*
montoj • *v* ensamblar, construir, montar
monument • *n* monumento *(m)*
morfologji • *n* morfología *(f)*
morg • *n* morgue *(f)*, depósito de cadáveres *(m)*
morsë • *n* tornillo de banco *(m)*, torno de banco *(m)*, morsa *(f)*
mort • *n* muerte *(f)*
morth • *n* sabañón *(m)*, friera *(f)*
morr • *n* piojo *(m)*
mot • *n* tiempo *(m)*
motër • *n* hermana *(f)*
motoçikletë • *n* motocicleta *(f)*, moto *(f)*
motor • *n* motor *(f)*, motor *(m)*
mrekulli • *n* milagro *(m)*
muaj • *n* mes *(m)*
muçmolla • *n* níspero japonés *(m)*
mufloni • *n* muflón *(m)*
mugëtirë • *n* oscuridad *(f)*
mullar • *n* almiar *(m)*, pajar *(m)*
mulli • *n* molino *(m)*
mumje • *n* momia *(f)*
mundësi • *n* posibilidad *(f)*
mur • *n* muro *(m)*, muralla *(f)*, pared *(f)*, tabique *(m)*
murg • *n* monje *(m)*
muskul • *n* músculo *(m)*
muskulor • *adj* muscular
muskuloz • *adj* musculoso
mustaqe • *n* bigote *(m)*, mostacho *(m)*
mustardë • *n* mostaza *(f)*
mushkë • *n* mulo *(m)*, mula *(f)*
mushkëri • *n* pulmón *(m)*
mushkonjë • *n* mosquito *(m)*, mosco *(m)*, plaga *(f)*, zancudo *(m)*
musht • *n* mosto *(m)*
mut • *n* mierda *(f)*, caca *(f)*
muzeum • *n* museo *(m)*
muzikë • *n* música *(f)*
myk • *n* moho *(m)*, mildiu
mysafir • *n* huésped *(f)*
myshk • *n* musgo *(m)*

N

naftë • *n* petróleo *(m)*
namazi • *n* oración *(f)*
nate • *n* murciélago *(m)*
natë • *n* noche *(f)*
natrium • *n* sodio *(m)*
natyrë • *n* naturaleza *(f)*
ndajfolje • *n* adverbio *(m)*
ndalesë • *n* estación *(f)*
ndarje • *n* división *(f)*
nder • *n* honor *(m)*
ndershmëri • *n* honradez *(f)*, sinceridad *(f)*, honestidad
ndëgjoj • *v* escuchar
ndërmarrje • *n* empresa *(f)*
ndërtesa • *n* edificio *(m)*
ndërvarur • *adj* interdependiente
ndëryjor • *adj* interestelar
ndëryjore • *adj* interestelar

ndërresa • *n* ropa interior *(m)*
ndëshkim • *n* castigo *(m)*
ndiej • *v* tocar, sentir
ndihmë • *n* asistencia *(f)*, ayuda *(f)*, socorro *(m)*, auxilio *(m)* • *v* ayudar
ndjek • *v* seguir
ndjenjë • *n* sensación
ndodhë • *v* suceder, ocurrir, pasar
ndonjëherë • *adv* a veces, algunas veces
ndoshta • *adv* quizá, tal vez, acaso, quizás
ndrojtur • *adj* tímido
ndryshim • *n* cambio *(m)*, modificación *(f)*, mutación *(f)*, evolución *(f)*
ndyrë • *adj* sucio
ne • *pron* nosotros *(m)*, nosotras *(f)*
neodim • *n* neodimio *(m)*
neon • *n* neón *(m)*
neptun • *n* neptunio *(m)*
nerv • *n* nervio *(m)*
nesër • *adv* mañana
neutral • *adj* neutro, neutral
nevrikos • *v* enojar
në • *prep* a
nëndetëse • *n* submarino *(m)*
nënë • *n* madre *(f)*
nënshkrim • *n* firma *(f)*
nëntë • *adj* noveno
nëntëdhjetë • *adj* nonagésimo
nëntëmbëdhjetë • *adj* decimonoveno *(m)*, decimonovena *(f)*
nënvete • *n* periné *(m)*, perineo *(m)*
nëse • *conj* si
nga • *prep* de
ngadalë • *adv* lentamente, despacio
ngarkoj • *v* cargar
ngricë • *n* escarcha *(f)*
ngrij • *v* solidificar
ngujoj • *v* confinar
ngul • *v* enclochar
ngushëlloj • *v* consolar
ngushtë • *adj* estrecho, angosto
ngushtoj • *v* estrechar, angostar
ngjalë • *n* anguila *(f)*
ngjis • *v* ensamblar, construir, montar

ngjyej • *v* colorar, colorear, teñir
ngjyrë • *n* color *(m)*
nikel • *n* níquel *(m)*
nina-nanë • *n* canción de cuna *(f)*, nana *(f)*, canto de cuna *(m)*
niob • *n* niobio *(m)*
nip • *n* nieto *(m)*, sobrino *(m)*
nis • *v* enviar, mandar
niseshte • *n* almidón *(m)*
nishan • *n* mancha de nacimiento *(f)*, lunar *(m)*, marca de nacimiento *(f)*
nitrogjenit • *n* nitrógeno *(m)*
nobelium • *n* nobelio *(m)*
noçkë • *n* tobillo *(m)*
nofulla • *n* mandíbula *(f)*
notoj • *v* nadar
nuk • *adv* no • *n* no
numër • *n* número *(m)*
numëroj • *v* contar
nuse • *n* nuera *(f)*, novia *(f)*
nxehtë • *adj* caliente, muy caliente
nxehtësi • *n* calor *(m)*
nxënës • *n* alumno *(m)*, alumna *(f)*, pupilo *(m)*
nxis • *v* incitar
nxitoj • *v* apresurarse, apurarse, darse prisa
nyjë • *n* nudo *(m)*, artículo *(m)*
njerëz • *n* gente *(f)*
njerëzim • *n* humanidad *(f)*
njeri • *n* persona *(f)*, hombre *(m)*, humano *(m)*, ser humano *(m)*
njerk • *n* padrastro *(m)*
njerkë • *n* madrastra *(f)*
njesh • *n* figura *(f)*
njëbrirësh • *n* unicornio *(m)*
njëgjuhësh • *adj* monolingüe
njëjës • *adj* singular • *n* singular *(m)*
njëqindkëmbëshi • *n* ciempiés *(m)*
njësoj • *n* conformidad *(f)*
njëzetë • *adj* vigésimo
njoftoj • *v* anunciar
njoh • *v* conocer

O

oksigjeni • *n* oxígeno *(m)*
oktapod • *n* pulpo *(m)*
okultizmi • *n* oculto *(m)*, ocultismo
ombrellë • *n* parasol *(m)*, paraguas *(m)*, sombrilla *(f)*
onomatope • *n* onomatopeya *(f)*
onomatopeik • *n* onomatopeya

ons • *n* onza *(f)*
operë • *n* ópera *(f)*
oqeani • *n* océano *(m)*
oqeanografia • *n* oceanografía *(f)*, oceanología *(f)*
oral • *adj* oral
oreks • *n* apetito *(m)*, deseo *(m)*, ganas

orë • *n* reloj *(m)*, hora *(f)*
organizoj • *v* organizar
orgazmë • *n* orgasmo *(m)*
oriz • *n* arroz *(m)*
orizore • *n* arrozal *(m)*

orkide • *n* orquídea *(f)*
ose • *conj* o, u
osmium • *n* osmio *(m)*
oxhak • *n* chimenea *(f)*

P

pa • *prep* sin
paemër • *adj* anónimo *(m)*
pafre • *adj* libre
pafundësi • *n* infinidad *(f)*
paganizëm • *n* paganismo *(m)*
pagëzim • *n* bautismo, bautizo *(m)*
pagëzoj • *v* bautizar
paguaj • *v* pagar
pagjakësia • *n* anemia *(f)*
paharrueshëm • *adj* inolvidable
pajë • *n* dote *(f)*
pajtoj • *v* reconciliar
paketë • *n* paquete *(m)*
pako • *n* paquete *(m)*
pakuptueshëm • *adj* incomprensible
palad • *n* paladio *(m)*
pallat • *n* palacio *(m)*
pallë • *n* espada *(f)*
palloi • *n* pavo real *(m)*, pavorreal *(m)*
pallto • *n* gabán *(m)*, paletó *(m)*, sobretodo *(m)*, abrigo *(m)*
pamartuar • *adj* soltero
pambuk • *n* algodón *(m)*
pamvarësi • *n* independencia *(f)*
panik • *n* pánico
pankreasi • *n* páncreas *(m)*
pantallona • *n* pantalón *(m)*, pantalones, calzones *(m)*
panxhar • *n* remolacha *(f)*, betabel *(m)*, betarraga *(f)*, beterava *(f)*, beterraga *(f)*
panjë • *n* arce *(m)*
panjohur • *adj* ignoto, desconocido
papagall • *n* papagayo, papagayo *(m)*, loro *(m)*, cotorra *(f)*
papaja • *n* papaya *(f)*, fruta bomba *(f)*, lechosa *(f)*, mamón *(m)*
papritur • *adv* repentinamente, de pronto, súbitamente
papunë • *adj* desempleado, cesante, parado *(m)*
papunësi • *n* desempleo *(m)*, paro
paqe • *n* paz *(f)*, sosiego *(m)*
para • *prep* antes de, antes que, ante, frente a, enfrente de • *n* pasta, plata *(f)*, efectivo *(m)*, dinero *(m)*, cobres, lana, pisto *(m)*, real *(m)*
paradë • *n* desfile *(m)*, parada *(f)*

parafundit • *adj* penúltimo
parashkruaj • *v* prescribir, recetar
parashutë • *n* paracaídas *(m)*
parentezë • *n* paréntesis *(m)*
parë • *adj* primero *(m)*, primera *(f)*
parfum • *n* perfume *(m)*
park • *n* parque *(m)*
parlament • *n* parlamento *(m)*
parti • *n* partido *(m)*
parullë • *n* contraseña
parzmore • *n* armadura *(f)*, blindaje *(m)*
pas • *prep* después
pasagjer • *n* pasajero *(m)*
pasaportë • *n* pasaporte *(m)*
pasardhës • *n* descendiente *(m)*
pasdrekë • *n* tarde *(f)*
pasqyrë • *n* espejo *(m)*
pastaj • *adv* luego, después
pastroj • *v* limpiar
pasthirrmë • *n* interjección *(f)*
pasuri • *n* géneros, bienes
pashë • *n* pachá *(m)*, bajá *(m)*
pashpjegueshëm • *adj* inexplicable
patate • *n* patata *(f)*, papa *(f)*
patë • *n* ganso *(m)*, oca *(f)*, ánsar *(m)*
patëllxhan • *n* berenjena *(f)*
patkua • *n* herradura *(f)*
pavarësi • *n* independencia *(f)*
pavarur • *adj* independiente
pazënë • *adj* libre, exento
pe • *n* hilo *(m)*
pecetë • *n* servilleta *(f)*
pelë • *n* yegua *(f)*
pellg • *n* charca *(m)*, estanque *(m)*, laguna *(f)*
pemë • *n* árbol *(m)*
pendë • *n* pluma *(f)*, presa *(f)*
pendohem • *v* sentir, lamentar, arrepentir
pengesë • *n* obstáculo
pengoj • *v* estorbar, impedir, entorpecer
perandori • *n* imperio *(m)*
perde • *n* cortina *(f)*
perëndeshë • *n* diosa *(f)*
perëndia • *n* dios *(m)*
perëndim • *n* oeste *(m)*

perëndimor • *adj* occidental
perime • *n* verdura *(f)*, legumbre *(m)*, hortaliza *(f)*
perineum • *n* periné *(m)*, perineo *(m)*
periodike • *n* período *(m)*
periudhë • *n* período *(m)*
perlë • *n* perla *(f)*
pesëdhjetë • *adj* quincuagésimo
pestë • *adj* quinto
peshk • *n* pez *(m)*, pescado *(m)*
peshkaqen • *n* tiburón *(m)*
peshkim • *n* pesca *(f)*
peshkop • *n* obispo *(m)*
peshore • *n* balanza *(f)*
peshqir • *n* toalla *(f)*
petriti • *n* halcón *(m)*, falcón *(m)*
pëlqej • *v* gustar
pëllumb • *n* paloma *(f)*, pichón *(m)*
pëllumbi • *n* paloma *(f)*, pichón *(m)*, palomo *(m)*
për • *conj* porque, pues, como
përafërsisht • *adv* aproximadamente
përballoj • *v* enfrentar
përdor • *v* usar, utilizar
përdoruesi • *n* usuario *(m)*
përdhunim • *n* violación *(f)*, estupro *(m)*
përdhunoj • *v* violar
përemri • *n* pronombre *(m)*
përfitim • *n* ventaja *(f)*
përgjigje • *n* respuesta *(f)*
përgjigjem • *v* responder, contestar
përkëdhel • *v* acariciar
përkthej • *v* traducir
përkthim • *n* traducción *(f)*
përkthyes • *n* intérprete *(f)*, traductor *(m)*, traductora *(f)*
përkthyese • *n* traductor *(m)*, traductora *(f)*
përmbytje • *n* inundación *(f)*, avenida *(f)*
përmendore • *n* monumento *(m)*
përmirësoj • *v* mejorar
përparim • *n* avance, progreso
përqesh • *v* reírse
përse • *adv* por qué
përsëri • *adv* de nuevo, nuevamente
përsos • *v* perfeccionar
përshkruaj • *v* describir
përtac • *adj* perezoso, flojo, locho, haragán, vago
përtesë • *n* pereza *(f)*
përvetësoj • *v* entender
përrallë • *n* historia *(f)*, fábula *(f)*, cuento *(m)*
përrua • *n* corriente *(f)*, flujo *(m)*, arroyo
pëshpërit • *v* susurrar

pështyj • *v* escupir
pështymë • *n* saliva *(f)*
pi • *v* tomar, beber
piano • *n* piano *(m)*
picë • *n* pizza *(f)*
piçkë • *n* chocha *(f)*, chucha *(f)*, coño *(m)*, concha *(f)*, cuca *(f)*, chocho *(m)*, bollo *(f)*, cocho *(f)*, panocha *(f)*, punta, raja *(f)*, choro *(f)*
pidh • *n* chocha *(f)*, chucha *(f)*, coño *(m)*, concha *(f)*, cuca *(f)*, chocho *(m)*
pidhi • *n* chucha *(f)*, coño *(m)*, concha *(f)*, cuca *(f)*, bollo *(f)*, cocho *(f)*, panocha *(f)*, punta, raja *(f)*, choro *(f)*
pidhuci • *n* chucha *(f)*, coño *(m)*, concha *(f)*, cuca *(f)*, bollo *(f)*, cocho *(f)*, panocha *(f)*, punta, raja *(f)*, choro *(f)*
pije • *n* bebida *(f)*, trago *(m)*
pijetore • *n* hotel *(m)*, albergue *(m)*, pub, bar *(m)*, taberna *(f)*
pikë • *n* aguja *(f)*, gota *(f)*, punto *(m)*
pikëlluar • *adj* triste
piktor • *n* pintor *(m)*, pintora *(f)*
pikturë • *n* imagen *(f)*
pikturon • *v* pintar
pilivesë • *n* libélula *(f)*, aguacil *(m)*, pipilacha *(f)*
pincë • *n* alicates
piper • *n* pimienta *(f)*
piramidë • *n* pirámide *(f)*
pirat • *n* pirata *(m)*
pirun • *n* tenedor *(m)*, trinche *(m)*
pisë • *n* pez *(f)*
pistë • *adj* sórdido
pishë • *n* pino *(m)*
pizhamë • *n* pijama, pijamas *(n)*
pjatalarëse • *n* lavaplatos *(m)*, lavavajillas *(m)*
pjatë • *n* vajilla *(f)*, plato *(m)*
pjek • *v* hornear
pjepër • *n* cantalupo *(m)*, melón *(m)*
pjerdh • *v* peer, soltar un pedo, pedorrear
pjesë • *n* pedazo *(m)*, parte *(f)*, porción *(f)*, trozo *(m)*
pjeshkë • *n* durazno *(m)*, melocotón *(m)*
plagë • *n* herida *(f)*, llaga
plak • *adj* viejo, anciano
planet • *n* planeta *(m)*
plastik • *n* plástico *(m)*
platin • *n* platino *(m)*
plazh • *n* playa *(f)*
pleh • *n* excremento *(m)*, estiércol *(m)*
plep • *n* álamo *(m)*, chopo *(m)*
plesht • *n* pulga *(f)*
plor • *n* reja *(f)*
plot • *adj* lleno

plug • *n* arado *(m)*
plugoj • *v* arar, labrar
pluhur • *n* polvo *(m)*
plumb • *n* plomo *(m)*, bala *(f)*, proyectil *(m)*
plutonium • *n* plutonio *(m)*
pllakë • *n* azulejo *(m)*, alicatado *(m)*, baldosa *(f)*, teja *(f)*
podagër • *n* gota *(f)*
poemë • *n* poema *(m)*, poesía *(f)*, oda *(f)*
poet • *n* poeta *(f)*, poetisa *(f)*
poezi • *n* poesía *(f)*
polici • *n* policía *(f)*
policia • *n* policía *(f)*
polietileni • *n* polietileno *(m)*
poliglot • *n* políglota *(f)*
politik • *adj* político
politikan • *n* política *(f)*, político *(m)*
politike • *adj* político
politikë • *n* política *(f)*
polonium • *n* polonio *(m)*
pomadë • *n* pomada *(f)*, ungüento *(m)*
pompë • *n* bomba *(f)*
popull • *n* pueblo *(m)*
popullsisë • *n* población *(f)*
por • *conj* pero
porcelan • *n* loza *(f)*, porcelana *(f)*
pordhë • *n* pedo *(m)*
pornografi • *n* pornografía *(f)*
pornografik • *adj* pornográfico *(m)*, pornográfica *(f)*
porosis • *v* prescribir
port • *n* puerto *(m)*
portë • *n* puerta *(f)*, portón *(m)*
portier • *n* arquero *(m)*, golero *(m)*, guardameta *(m)*, portero *(m)*
portofol • *n* cartera *(f)*, billetera *(f)*
portokall • *n* china *(f)*, naranja *(f)*
portret • *n* retrato *(m)*
postier • *n* cartero *(m)*
pranverë • *n* primavera *(f)*
prapa • *prep* detrás, atrás
prapanicë • *n* nalga *(f)*
prazeodim • *n* praseodimio *(m)*
pre • *n* presa *(f)*
predikues • *n* predicador
Prefektura • *n* prefectura *(f)*
prej • *prep* de
prek • *v* tocar
prekje • *n* toque
pres • *v* esperar, aguardar
president • *n* presidente *(m)*, presidenta *(f)*
presje • *n* coma *(f)*
preshi • *n* puerro *(m)*, porro *(m)*, poro *(m)*

prezervativ • *n* goma *(f)*, preservativo *(m)*, condón *(m)*, profiláctico *(f)*
prift • *n* cura *(m)*, sacerdote *(m)*, párroco *(m)*
prikë • *n* dote *(f)*
prind • *n* padre
printer • *n* impresora *(f)*
prish • *v* demoler
prit • *v* escuchar
prizë • *n* enchufe *(m)*, toma corriente *(m)*
problem • *n* problema *(m)*, dificultad *(f)*, lío *(m)*
profesion • *n* profesión *(f)*
profet • *n* profeta *(m)*, profetisa *(f)*
program • *n* programa *(m)*
promet • *n* promecio *(m)*
prostitucion • *n* prostitución *(f)*
prostitutë • *n* zorra, puta *(f)*, ramera *(f)*, golfa, prostituta *(f)*, prostituta, fulana, guarra, mujerzuela *(f)*
protaktin • *n* protactinio *(m)*
proton • *n* protón
prova • *n* prueba *(f)*
provë • *n* prueba *(f)*
provim • *n* examen *(m)*, test *(m)*
provimi • *n* examen *(m)*, test *(m)*
provincë • *n* provincia *(f)*
pse • *adv* por qué
psikoterapia • *n* psicoterapia *(f)*
publicitet • *n* anuncio publicitario
puçërr • *n* espinilla *(f)*
pulë • *n* pollo *(m)*, gallina *(f)*
pulëbardha • *n* gaviota *(f)*
pulovër • *n* chaleco *(m)*, buzo *(f)*, chomba *(f)*, chompa *(f)*, jersey *(m)*, pulóver *(m)*, suéter *(m)*
pulqer • *n* pulgar *(m)*
punë • *n* trabajo *(m)*
punëtor • *n* trabajador *(m)*, obrero *(m)*
punoj • *v* trabajar
pupël • *n* pluma *(f)*
purgator • *n* purgatorio *(m)*
pus • *n* aljibe *(m)*, pozo *(m)*
pushim • *n* reposo *(m)*
pushkë • *n* fusil *(m)*, rifle *(m)*
pushoj • *v* descansar, reposar
pushtet • *n* poder *(m)*
putër • *n* garra *(f)*, zarpa *(f)*, pata *(f)*
puth • *v* besar
puthje • *n* beso *(m)*
pyet • *v* preguntar
pyetje • *n* pregunta *(f)*, cuestión *(f)*
pyll • *n* bosque *(m)*, floresta *(f)*, selva

Q

qafë • *n* cuello *(m)*, nuca *(f)*, pescuezo *(m)*
qaj • *v* llorar, lagrimar, lacrimar
qelb • *n* pus *(m)*
qelbanik • *n* sinvergüenza *(f)*, canalla *(f)*
qelbësi • *n* hurón *(m)*, turón *(m)*
qelibar • *n* ámbar *(m)*
qelq • *n* vaso *(m)*, copa *(f)*
qen • *n* perro *(m)*
qendër • *n* centro *(m)*
qengj • *n* cordero *(m)*
qepallë • *n* párpado *(m)*
qepë • *n* cebolla *(f)*
qerpik • *n* pestaña *(f)*
qershi • *n* cereza *(f)*, guinda *(f)*
qesh • *v* reír
qesharak • *adj* ridículo
qeshje • *n* risa, risa *(f)*
qeveri • *n* administración *(f)*, gobierno *(m)*
qëlloj • *v* disparar, tirar
qiell • *n* cielo *(m)*, firmamento *(m)*, cielos
qiellzë • *n* paladar *(m)*
qift • *n* milano *(m)*, aguililla *(f)*, lechuza *(f)*, cometa *(f)*, barrilete *(m)*, cachirulo *(m)*, chichigua *(f)*, chiringa *(f)*, pandero *(m)*, pandorga *(f)*, papagayo *(m)*, papalote *(m)*, papelote *(m)*, petaca *(f)*, piscucha *(f)*, volador *(m)*, volantín *(m)*
qij • *v* follar, follarse, coger, chingar, jalar, tirarse, cepillarse, pichar, culear, joder, vergar, cachar, garchar
qilar • *n* bodega *(f)*, sótano *(m)*
qilim • *n* alfombra *(f)*, moqueta *(f)*
qime • *n* cabello *(m)*, pelo *(m)*
qiri • *n* vela *(f)*, candela *(f)*, cirio *(m)*
qivur • *n* ataúd *(m)*, féretro *(m)*, cajón *(m)*, urna *(f)*
quaj • *v* llamar, convocar
qukapikorët • *n* pájaro carpintero *(m)*, pito *(m)*
qullur • *adj* mojado
qymyr • *n* carbón *(m)*
qymyrguri • *n* carbón *(m)*
qyqja • *n* cuco *(m)*, cuclillo *(m)*
qytet • *n* ciudad *(f)*, urbe *(f)*
qytetërim • *n* civilización *(f)*
qytezë • *n* ciudad *(f)*, pueblo *(m)*

R

racizëm • *n* racismo *(m)*
raderfordium • *n* rutherfordio *(m)*
radio • *n* radio *(f)*
raft • *n* estante *(m)*, balda *(f)*, anaquel *(m)*
re • *n* nube *(f)*
reagim • *n* reacción *(f)*
reçel • *n* mermelada *(f)*
reliev • *n* relieve *(m)*
renë • *n* reno *(m)*, rangífero *(m)*, caribú *(m)*
renium • *n* renio *(m)*
republikë • *n* república *(f)*
restorant • *n* restaurante *(m)*, restorán *(m)*
revistë • *n* revista *(f)*, magacín *(m)*
revole • *n* revólver *(m)*
revolucion • *n* revolución *(f)*
reze • *n* cerrojo *(m)*
rëndë • *adj* pesado
rërë • *n* arena *(f)*
ri • *adj* joven, nuevo
rimorkiator • *n* remolcador *(m)*
rit • *n* rito *(m)*
ritëm • *n* ritmo *(m)*
rob • *n* esclavo *(m)*, esclava *(f)*
rodium • *n* rodio *(m)*
roman • *n* novela *(f)*
rosë • *n* pato *(m)*
rubël • *n* rublo *(m)*
rubid • *n* rubidio *(m)*
rubin • *n* rubí *(m)*
ruten • *n* rutenio *(m)*
ryshfet • *n* soborno *(m)*, coima *(f)*, matraca *(f)*, mordida *(f)*, cohecho, alfadía *(f)*
rrafshtë • *adj* llano, plano
rrallë • *adj* escaso, raro • *adv* raramente, rara vez
rrem • *n* remo *(m)*
rrepë • *n* remolacha *(f)*, betabel *(m)*, betarraga *(f)*, beterava *(f)*
rrepkë • *n* rábano *(m)*
rreth • *n* círculo *(m)*, circunferencia *(f)*
rrethinë • *n* afueras, arrabal *(m)*
rreze • *n* viga *(f)*, rayo *(m)*

rrezik • *n* peligro *(m)*
rrëmbej • *v* agarrar
rrënjë • *n* raíz *(f)*
rrëqebull • *n* lince *(m)*
rrëshirë • *n* resina *(f)*
rrëshqanor • *n* reptil *(m)*
rri • *v* estar de pie, estar parado
rrip • *n* cinta *(f)*, moño *(m)*, lazo *(m)*, galón *(m)*
rriqër • *n* garrapata *(f)*
rrjet • *n* red *(f)*
rrjetë • *n* red *(f)*
rroba • *n* ropa *(f)*
rroço • *n* puto *(m)*, maricón *(m)*, joto
rrodhe • *n* sanguijuela *(f)*, sanguja *(f)*, hirudíneo *(m)*
rrogë • *n* salario *(m)*, sueldo *(m)*
rrotë • *n* rueda *(f)*
rrudhë • *n* surco *(m)*, arruga *(f)*
rrugaç • *n* matón *(m)*, macarra *(f)*
rrugë • *n* camino *(m)*, vía *(f)*, calle *(f)*, ruta *(f)*
rrush • *n* uva *(f)*
rruzarja • *n* rosario

S

sa • *adv* cómo, cuán, cuan
sajë • *n* trineo *(m)*
sajoj • *v* concebir, inventar
sakatim • *n* mutilación criminal *(f)*
salamandër • *n* salamandra *(f)*
salcë • *n* salsa *(f)*
sallam • *n* embutido *(m)*, salchicha *(f)*, salchichón *(m)*
sallatë • *n* ensalada *(f)*
samarium • *n* samario *(m)*
samovar • *n* samovar *(m)*
samuraj • *n* samurái *(m)*
sapun • *n* jabón *(m)*
sasi • *n* cantidad *(f)*
satirë • *n* sátira *(f)*
satirik • *adj* satírico
se • *prep* que
sekondë • *n* segundo *(m)*
sekret • *n* secreto *(m)*
seksizëm • *n* sexismo *(m)*
seksualisht • *adv* sexualmente
sekt • *n* secta *(f)*, culto *(m)*
selen • *n* selenio *(m)*
selino • *n* apio *(m)*, celery *(m)*
semantikë • *n* semántica *(f)*
send • *n* cosa *(f)*
sepse • *conj* porque, ya que
sesa • *prep* que
sëmundje • *n* enfermedad *(f)*
sëmundjeshkaktues • *n* patógeno *(m)*
sferë • *n* campo *(m)*, cuerpo *(m)*, esfera *(f)*, bola *(f)*
si • *adv* qué, cómo, cuán, cuan
siguri • *n* seguridad *(f)*, confianza
silicium • *n* silicio *(m)*
sillë • *n* almuerzo *(m)*, comida *(f)*
silloj • *v* almorzar
simbol • *n* y comercial *(m)*, et *(f)*, símbolo *(m)*
simbolik • *adj* simbólico
sintetizues • *n* sintetizador *(m)*
sistem • *n* sistema *(m)*
sitë • *n* cedazo *(m)*, criba *(f)*, tamiz *(m)*, colador *(m)*
sjell • *v* traer, llevar
skandium • *n* escandio *(m)*
skelet • *n* esqueleto *(m)*
skepticizmi • *n* escepticismo *(m)*
skërkë • *n* afloramiento rocoso *(m)*
ski • *n* esquí *(m)*
skllav • *n* esclavo *(m)*, esclava *(f)*
sobë • *n* estufa *(f)*
socializëm • *n* socialismo *(m)*
socializmi • *n* socialismo *(m)*
softuer • *n* software *(m)*, programa *(m)*
softver • *n* software *(m)*, programa *(m)*
soj • *n* suerte *(f)*, género *(m)*, tipo *(m)*, clase *(f)*
sorkadhe • *n* ciervo *(m)*, venado *(m)*
sorrë • *n* corneja *(f)*, cuervo *(m)*
sot • *adv* hoy
spermë • *n* esperma, semen *(m)*
spinaqi • *n* espinaca
spirancë • *n* ancla *(f)*
spital • *n* hospital *(m)*
sport • *n* deporte *(m)*
sqep • *n* pico *(m)*
sqetull • *n* axila *(f)*, sobaco *(m)*
stacion • *n* estación *(f)*
stadium • *n* estadio *(m)*
stampë • *n* plantilla *(f)*
statujë • *n* estatua *(f)*
stërgjysh • *n* antepasado
stilolaps • *n* pluma *(f)*, bolígrafo *(m)*, boli *(m)*, lapicera *(f)*
stimuloj • *v* estimular
stol • *n* banco *(m)*
stomak • *n* estómago *(m)*

stroncium • *n* estroncio *(m)*
struci • *n* avestruz *(m)*
student • *n* estudiante *(f)*
stuhi • *n* tormenta *(f)*, tempestad *(f)*, temporal *(m)*
subvencion • *n* subvención *(f)*, subsidio *(m)*
sukses • *n* éxito *(m)*, acierto *(m)*
sulfur • *n* azufre *(m)*
sultan • *n* sultán *(m)*
sup • *n* hombro *(m)*
supermarket • *n* supermercado
supersticioni • *n* superstición *(f)*
supë • *n* caldo *(m)*
sutë • *n* ciervo *(m)*, venado *(m)*
suxhuk • *n* embutido *(m)*, salchicha *(f)*, salchichón *(m)*
sy • *n* ojo *(m)*
synet • *n* circuncisión *(f)*
syze • *n* anteojos, espejuelos, gafas, lentes
shah • *n* ajedrez *(m)*, juego de ajedrez *(m)*
shaka • *n* broma *(f)*
shakull • *n* fuelle
shalë • *n* silla de montar *(f)*
shalqi • *n* sandía *(f)*, melón de agua *(m)*, patilla *(f)*
shall • *n* bufanda *(f)*
shami • *n* pañuelo *(m)*
shampo • *n* champú *(m)*
shandan • *n* candelero *(m)*, candelabro *(m)*
sharje • *n* palabra *(f)*
shartoj • *v* injertar
sharrë • *n* sierra *(f)*
shat • *n* azada *(f)*, azadón *(m)*
shegë • *n* granado *(m)*, granada *(f)*
shejtan • *n* diablo *(m)*
shekull • *n* centuria *(f)*, siglo *(m)*
sheleg • *n* cordero *(m)*
shelg • *n* sauce *(m)*
shembull • *n* ejemplo *(m)*
shenjë • *n* signo *(m)*, muestra *(f)*, símbolo *(m)*
shenjtë • *n* relicario *(m)* • *adj* santo, sagrado
sheqer • *n* azúcar *(m)*
sheqerkë • *n* caramelo *(m)*
sherbelë • *n* salvia *(f)*
shes • *v* vender
shesh • *n* plaza *(f)*
shëmbëllej • *v* asemejar, semejar, parecerse
shëndet • *n* salud *(f)*, sanidad *(f)*
shënoj • *v* perforar
shërbej • *v* servir

shërbim • *n* servicio *(m)*
shëroj • *v* curar, sanar
shi • *n* lluvia *(f)*
shifër • *n* cifra *(f)*
shigjetar • *n* arquero *(m)*
shigjetë • *n* flecha *(f)*
shijshëm • *adj* delicioso, sabroso, rico, gustoso, apetitoso
shikoj • *v* mirar
shiringë • *n* jeringa *(f)*
shishe • *n* botella *(f)*, frasco *(m)*
shitës • *n* vendedor, vendedor *(m)*, abacero *(m)*, abacera *(f)*
shkaba • *n* buitre *(m)*
shkabë • *n* águila *(f)*
shkallë • *n* escalera *(f)*
shkarkoj • *v* descargar
shkencërisht • *adv* científicamente
shkencëtar • *n* científico *(m)*, cientificesa *(f)*, científice *(m)*
shkencor • *adj* científico
shkëmb • *n* acantilado *(m)*, precipicio, risco *(m)*
shkëmbej • *v* cambiar, intercambiar, canjear
shkëndijë • *n* chispa *(f)*
shkërdhej • *v* follar, follarse, coger, chingar, jalar, tirarse, cepillarse, pichar, culear, joder, vergar, cachar, garchar
shkollë • *n* escuela *(f)*
shkop • *n* palo *(m)*
shkrep • *n* afloramiento rocoso *(m)*
shkretëtirë • *n* desierto *(m)*
shkrimtar • *n* escritor *(m)*, escritora *(f)*
shkronjë • *n* letra *(f)*, carácter *(m)*
shkruaj • *v* escribir
shkumë • *n* espuma *(f)*
shkumës • *n* tiza *(f)*, gis *(m)*
shkurta • *n* codorniz *(f)*
shkurtër • *adj* corto *(m)*
shkurtoj • *v* abreviar
shkurre • *n* mata *(f)*, arbusto *(m)*
shmang • *v* esquivar
shmangem • *v* escapar, eludir
shofer • *n* chófer *(m)*, chofer *(m)*, conductor *(m)*, conductora *(f)*
shoh • *v* mirar, ver
shok • *n* camarada *(f)*, compañero *(m)*, compañera *(f)*
shoqëri • *n* amistad *(f)*, sociedad *(f)*
short • *n* sorteo *(m)*, rifa *(f)*
shpall • *v* anunciar
shpargull • *n* espárrago *(m)*
shpatë • *n* espada *(f)*
shpejt • *adv* pronto
shpejtësia • *n* velocidad *(f)*
shpellë • *n* cueva *(f)*

shpesh • *adv* a menudo, frecuentemente, seguido
shpëtim • *n* salvación *(f)*
shpikje • *n* invención *(f)*
shpinë • *n* espalda *(f)*, lomo *(m)*, dorso *(m)*
shpirt • *n* espíritu *(m)*, alma *(m)*, alma *(f)*
shpjegoj • *v* legitimar, justificar
shpoj • *v* perforar, picar, taladrar
shportë • *n* cesta *(f)*, cesto *(m)*
shpresë • *n* esperanza *(f)*
shpreson • *v* esperar
shpretkë • *n* bazo *(m)*
shpues • *n* sacabocado *(m)*, perforadora *(f)*
shputë • *n* dedo del pie *(m)*, ortejo *(m)*
shqeme • *n* anacardo *(m)*
shqetësim • *n* preocupación *(f)*, cansón *(n)*
shqetësoj • *v* preocupar, perturbar, molestar, agobiar
shqipe • *n* águila *(f)*
shqiponjë • *n* águila *(f)*
shqiptim • *n* pronunciación *(f)*
shqyt • *n* escudo *(m)*
shtatëdhjetë • *adj* septuagésimo
shtatzënë • *adj* embarazada *(f)*, embarazado *(m)*, preñada *(f)*, preñado *(m)*, encinta *(f)*
shteg • *n* senda *(f)*, sendero *(m)*

shtet • *n* estado *(m)*, país *(m)*
shtetas • *n* ciudadano *(m)*, ciudadana *(f)*
shtetësi • *n* ciudadanía *(f)*
shtëpi • *n* hogar *(m)*, casa *(f)*
shtizë • *n* lanza *(f)*
shtjellë • *n* carrete *(m)*
shtrat • *n* cama *(f)*, lecho *(m)*, muleta *(f)*
shtrembër • *adj* torcido *(m)*
shtrenjtë • *adj* caro, costoso, dispendioso
shtrëngatë • *n* tormenta *(f)*, tormenta electrica *(f)*, tronada
shtrëngoj • *v* exprimir, apretar, tensar
shtrigë • *n* bruja *(f)*
shtyllë • *n* pilar *(m)*
shumë • *adv* muy
shumëkëmbësh • *n* milpiés *(m)*, congorocho *(m)*
shumëkëndësh • *n* polígono *(m)*
shumëngjyrësh • *adj* lleno *(m)*, de color, lleno de color
shumës • *n* plural *(f)* • *adj* plural
shuplakë • *n* bofetada *(f)*, cachetada *(f)*
shurup • *n* almíbar *(m)*, jarabe *(m)*, sirope *(m)*
shurrë • *n* pis, pipí *(m)*, pichí *(m)*, orina *(f)*
shushunjë • *n* sanguijuela *(f)*, sanguja *(f)*, hirudíneo *(m)*

T

tabaka • *n* bandeja *(f)*
tabelë • *n* tabla *(f)*
tajga • *n* taıga *(f)*
taketuke • *n* cenicero *(m)*
taksë • *n* impuesto *(m)*, tasa *(f)*
taksi • *n* libre *(m)*, taxi *(m)*, taxímetro *(m)*
talium • *n* talio *(m)*
tall • *v* reírse
tallash • *n* serrín *(m)*, aserrín *(m)*
tambur • *n* tambor *(m)*
tantal • *n* tántalo *(m)*
tastierë • *n* teclado *(m)*
tashmë • *adv* ya
tatim • *n* impuesto *(m)*, tasa *(f)*
tatuazh • *n* tatuaje *(m)*
tavan • *n* techo *(m)*
teatër • *n* teatro *(m)*
tejdukshëm • *adj* transparente
teknec • *n* tecnecio *(m)*
teknologji • *n* tecnología *(f)*

tekst • *n* texto *(m)*
tel • *n* alambre *(m)*, hilo *(m)*
telefon • *n* teléfono *(m)*
telegraf • *n* telégrafo
telegram • *n* telegrama *(m)*
telepatia • *n* telepatía *(f)*
teleskop • *n* telescopio *(m)*
televizion • *n* televisión *(f)*
televizor • *n* televisión *(f)*, televisor *(m)*
telur • *n* teluro *(m)*
temperaturë • *n* temperatura *(f)*
tempull • *n* capilla *(m)*, templo *(m)*
tendin • *n* tendón *(m)*
tenis • *n* tenis *(m)*
tenxhere • *n* cacerola *(f)*
tenjë • *n* polilla *(f)*
teproj • *v* exagerar
terbium • *n* terbio *(m)*
termodinamikë • *n* termodinámica *(f)*
terr • *n* oscuridad *(f)*
territor • *n* territorio *(m)*

terror • *n* terror *(m)*
terrorist • *n* terrorista *(f)*
teshtij • *v* estornudar
tetar • *n* cabo
tetë • *adj* octavo *(m)*, octava *(f)*
tetëdhjetë • *adj* octogésimo
tetëkëmbësh • *n* pulpo *(m)*
tetrametër • *n* tetrámetro *(m)*
teze • *n* tía *(f)*
tezgjah • *n* telar
të • *adv* demasiado
tërfil • *n* trébol *(m)*
tërheqës • *adj* sexy
tërheqje • *n* atracción *(f)*
tërmet • *n* terremoto *(m)*, temblor *(m)*, chaka *(f)*
tërshërë • *n* avena *(f)*
tigan • *n* cacerola *(f)*
tigri • *n* tigre *(m)*
tinëzar • *adj* reservado
tingull • *n* sonido *(m)*, son *(m)*
tinzar • *adj* reservado
titan • *n* titanio *(m)*
tjegull • *n* azulejo *(m)*, alicatado *(m)*, baldosa *(f)*, teja *(f)*, ripia *(f)*, tablilla *(f)*
tjetërllojshëm • *adj* heterogéneo
tmerr • *n* terror *(m)*
tojë • *n* grulla *(f)*
tokë • *n* suelo *(m)*
top • *n* cañón *(m)*, bola *(f)*, pelota *(f)*, balón *(m)*
topi • *n* cañón *(m)*
toptan • *adj* a su aire, inconsistente, sin ton ni son, fortuito, casual
torium • *n* torio *(m)*
tortë • *n* pastel *(m)*, bizcocho *(m)*, cake *(m)*, ponqué *(m)*, pudín *(m)*, queque *(m)*, tarta *(f)*, torta *(f)*
tradicionalisht • *adv* tradicionalmente
traditë • *n* tradición *(f)*
tradhtar • *n* traidor *(m)*, traidora *(f)*
trafik • *n* tráfico *(m)*
traktor • *n* tractor *(m)*
tramvaj • *n* tranvía *(m)*
trap • *n* ferri *(m)*, transbordador *(m)*, ferry *(m)*, balsa *(f)*
trashë • *adj* gordo
tredh • *v* castrar, capar
treg • *n* plaza *(f)*, mercado *(m)*, bazar *(m)*
tregim • *n* historia *(f)*, cuento *(m)*
tregtar • *n* banquero *(m)*, banquera *(f)*, vendedor
tregti • *n* comercio *(m)*, gremio *(m)*
trekëndësh • *n* triángulo *(m)*
tren • *n* tren *(m)*
tretë • *adj* tercero *(m)*, tercer *(m)*, tercera *(f)*
trëndafil • *n* rosa *(f)*
triçikël • *n* triciclo *(m)*
tridhjetë • *adj* trigésimo *(m)*, trigésima *(f)*
trim • *n* hombre *(m)*, varón *(m)*
trimëri • *n* valor *(m)*, coraje *(m)*, valentía *(f)*
trishtil • *n* pinzón *(m)*
trishtuar • *adj* triste
triton • *n* tritón *(m)*
trofe • *n* trofeo *(m)*
troftë • *n* trucha *(f)*
troll • *n* trol *(m)*
tru • *n* cerebro *(m)*
trup • *n* cuerpo *(m)*
trupor • *adj* corporal
tryezë • *n* mesa *(f)*
tualet • *n* baño *(m)*, inodoro *(m)*, excusado *(m)*, sanitario *(m)*, poceta *(f)*, váter *(m)*, wáter *(m)*, watercló *(m)*
tub • *n* manguera *(f)*, tubo *(m)*, canuto *(m)*
tufë • *n* hato *(m)*, manada *(f)*, rebaño *(m)*
tul • *n* carne *(f)*
tulium • *n* tulio *(m)*
tullac • *adj* calvo
tullë • *n* ladrillo *(m)*
tundër • *n* tundra *(f)*
tunel • *n* túnel *(m)*
tungjatjeta • *interj* hola, buenos días, qué tal
turizmi • *n* turismo *(m)*
turjelë • *n* taladro *(m)*, taladradora *(f)*
turmë • *n* muchedumbre *(f)*, turba *(f)*, turba, multitud *(f)*, montón *(f)*, vulgo *(f)*
turp • *n* vergüenza *(f)*, pena *(f)*
tym • *n* humo *(m)*
thartë • *adj* ácido, agrio
thashetheme • *n* chisme *(m)*, bochinche *(m)*, brete *(f)*, cahuín *(m)*, chambre *(m)*, chimento *(m)*, chirmol *(m)*, cocoa *(f)*, copucha *(f)*, cotilleo *(m)*, cuecho *(m)*, mitote *(m)*, argüende *(m)*, vinazo *(m)*
thashethemexhi • *n* chismoso *(m)*, chismosa *(f)*, copuchento *(m)*, argüendero *(m)*, argüendera *(f)*, alcahuete *(m)*, cotilla *(f)*
thatësirë • *n* sequía *(f)*, seca *(f)*
thembër • *n* talón *(m)*
thes • *n* bolsa *(f)*, saco *(m)*
thesar • *n* tesoro *(m)*
thëllëzë • *n* perdiz *(f)*
thëri • *n* liendre *(f)*
thi • *n* coche *(m)*, cocho *(m)*, cerdo *(m)*, chancho *(m)*, chon *(m)*, cochi *(m)*, cochín

(m), cochino *(m)*, cuchi *(m)*, cuto *(m)*, gocho *(m)*, gorrino, guarro *(m)*, marrano *(m)*, puerco *(m)*, tocino *(m)*, tunco *(m)*
thikë • *n* cuchillo *(m)*
thithkë • *n* niple *(f)*, pezón *(m)*
thjeshtë • *adj* simple, sencillo
thjeshtër • *n* hijastro *(m)*
thjeshtëzoj • *v* simplificar
thua • *n* uña *(f)*, garra *(f)*
thundër • *n* talón *(m)*, pezuña *(f)*, casco *(m)*
thur • *v* tejer, entretejer

U

udhëkryq • *n* cruce *(m)*, encrucijada *(f)*, cruce de caminos *(m)*
uiski • *n* whisky *(m)*, güisqui *(m)*
ujdhesë • *n* isla *(f)*
ujë • *n* agua *(f)*
ujëvarë • *n* catarata *(f)*, cascada *(f)*, caída de agua *(f)*
ujk • *n* lobo *(m)*
ujkonjë • *n* perra *(f)*, zorra, loba
ulem • *v* sentar, estar sentado
ulk • *n* lobo *(m)*
ulli • *n* aceituna *(f)*, oliva *(f)*
unazë • *n* anillo *(m)*, sortija *(f)*
ungji • *n* tío *(m)*
ungjill • *n* evangelio *(m)*
universitet • *n* universidad *(f)*
uragan • *n* huracán *(m)*

urani • *n* uranio *(m)*
urdhëroj • *v* prescribir
uretër • *n* uretra *(f)*
urë • *n* puente *(m)*, bóveda *(f)*
urinë • *n* orina *(f)*
uriq • *n* erizo *(m)*
uritur • *adj* hambriento
urith • *n* topo *(m)*
urtë • *adj* sabio, juicioso
urrej • *v* odiar
urrejtje • *n* odio *(m)*
ushqen • *v* alimentar, dar de comer
ushqim • *n* comida *(f)*, alimento *(m)*
ushtar • *n* soldado
ushtri • *n* ejército *(m)*
uthull • *n* vinagre *(m)*

V

va • *n* vado *(m)*
vagina • *n* chucha *(f)*, coño *(m)*, concha *(f)*, cuca *(f)*, bollo *(f)*, cocho *(f)*, panocha *(f)*, punta, raja *(f)*, choro *(f)*
vaginë • *n* vagina *(f)*
vagjinë • *n* vagina *(f)*
vaj • *interj* ay, ay de mí • *n* aceite *(m)*, óleo *(m)*
vajzë • *n* niña *(f)*, muchacha *(f)*, chica *(f)*, cabra *(f)*, chamaca *(f)*, lola *(f)*, nena *(f)*, chiquilla *(f)*
vakt • *n* comida *(f)*
val • *n* valle *(m)*
valkire • *n* valquiria *(f)*
vallëzim • *n* baile *(m)*, danza *(f)*
vallëzoj • *v* bailar, danzar
valltar • *n* bailarín *(m)*, bailarina *(f)*, bailador *(m)*
valltare • *n* bailarín *(m)*, bailarina *(f)*, bailador *(m)*
vanad • *n* vanadio *(m)*
vapor • *n* barco de vapor *(m)*
varëse • *n* collar *(m)*

varësi • *n* dependencia *(f)*
varfër • *adj* pobre
varg • *n* cuerda *(f)*, cordel *(m)*, mecate *(m)*
varkë • *n* barco *(m)*, bote *(m)*, barca *(f)*
varr • *n* fosa *(f)*, sepultura *(f)*, tumba *(f)*
vathë • *n* arete *(m)*, arito *(m)*, aro *(m)*, caravana *(f)*, chapa *(f)*, pantalla *(f)*, pendiente *(m)*, zarcillo *(m)*
vazo • *n* jarrón *(m)*, florero *(m)*
vdekje • *n* muerte *(f)*
vdekur • *adj* muerto
vdes • *v* morir
ve • *n* viuda *(f)*
veçuar • *adj* aislado
vegjë • *n* telar
vel • *n* vela *(f)*
vemje • *n* oruga *(f)*, cuncuna *(f)*
vend • *n* tierra *(f)*, lugar *(m)*, sitio *(m)*
vendës • *adj* nativo
vendos • *v* decidir, resolver
venë • *n* vena *(f)*
veprim • *n* acción *(f)*

verbër • *adj* ciego
verdhë • *adj* amarillo
verë • *n* verano *(m)*, vino *(m)*
veri • *n* norte *(m)*
verior • *adj* septentrional, norteño
verzë • *n* agalla *(f)*, branquia *(f)*
ves • *n* vicio *(m)*
vesh • *v* llevar, vestir • *n* oído *(m)*, oreja *(f)*
veshje • *n* ropa *(f)*
veshkë • *n* riñón *(m)*
veshtull • *n* muérdago *(m)*, liga *(f)*
vetëkritikë • *n* crítica *(f)*
vetëlëvizës • *n* automóvil *(m)*, carro *(m)*, coche *(f)*, auto *(m)*
vetëvrasje • *n* suicidio *(m)*
veti • *n* atributo *(m)*
vetull • *n* ceja *(f)*
vëlla • *n* hermano *(m)*, par
vërteroj • *v* avalar, atestiguar
vërtetë • *adj* cierto
vështirë • *adj* difícil
vëzhgoj • *v* controlar, monitorear, monitorizar
vidh • *n* olmo *(m)*
vidhë • *n* tornillo *(m)*
vij • *v* venir, llegar, arribar
vinç • *n* grúa *(f)*
violina • *n* violín *(m)*
virgjër • *adj* virginal
virgjëreshë • *n* doncella *(f)*, virgen *(f)*, doncel *(m)*, señorita *(f)*
virgjëri • *n* virginidad
viriologji • *n* virología

virtyt • *n* virtud *(f)*
virus • *n* virus *(m)*
vishnjë • *n* cereza *(f)*, guinda *(f)*
vit • *n* año *(m)*
vitërk • *n* padrastro *(m)*
vizë • *n* visa *(f)*, visado *(m)*
vizitë • *n* visita *(f)*
vizitoj • *v* visitar
vizitor • *n* huésped *(f)*
vjedh • *v* robar
vjedhës • *n* ladrón *(m)*
vjedhje • *n* robo *(m)*, hurto *(m)*
vjehërr • *n* suegro *(m)*, suegra *(f)*
vjell • *v* vomitar, devolver, arrojar, echar la pota
vjeshtë • *n* otoño *(m)*
vjetër • *adj* antiguo, viejo
vjollcë • *n* violeta *(f)*
vodkë • *n* vodka *(f)*
vogël • *adj* pequeño
vokal • *adj* vocal
volejboll • *n* voleibol *(m)*, balonvolea *(m)*
volfram • *n* tungsteno *(m)*, wolframio *(m)*
vonë • *adj* reciente
vrapoj • *v* correr
vrasës • *n* asesino *(m)*, asesina *(f)*
vrer • *n* bilis *(f)*, hiel *(f)*
vrokth • *n* caspa *(f)*, porrígine
vulgar • *adj* vulgariano
vullkan • *n* volcán *(m)*
vullnet • *n* voluntad *(f)*

X

xixëllonjë • *n* luciérnaga *(f)*
xham • *n* cristal *(m)*, vidrio *(m)*
xhami • *n* mezquita
xhaxha • *n* tío *(m)*
xhelozi • *n* celo *(m)*, celos
xhelozisht • *adv* con envidia

xhenxhefil • *n* jengibre *(m)*
xhep • *n* bolsillo *(m)*, bolsa *(f)*
xhepist • *n* carterista
xhihat • *n* yihad *(m)*

Y

ylber • *n* arco iris *(m)*
yll • *n* estrella *(f)*, astro *(m)*

yndyrë • *n* grasa *(f)*

Z

zambak • *n* azucena *(f)*
zamkë • *n* cola *(f)*, goma *(f)*, pegamento *(m)*
zanë • *n* hada *(f)*
zar • *n* dado *(m)*
zardafi • *n* marta *(f)*
zarf • *n* sobre *(m)*
zarzavate • *n* verdura *(f)*, legumbre *(m)*, hortaliza *(f)*
zbokth • *n* caspa *(f)*, porrígine
zbulimit • *n* inteligencia *(f)*
zbut • *v* ablandar
zdrukth • *n* cepillo *(m)*
zebër • *n* cebra *(f)*
zejtari • *n* artesanía
zemër • *n* corazón *(m)*
zemërim • *n* ira *(f)*, enfado *(m)*, enojo *(m)*, rabia *(f)*, bravura *(f)*
zemëroj • *v* enojar
zero • *n* cero, nada
zeshkan • *adj* café *(f)*, marrón *(m)*, castaño, pardo *(m)*
zezak • *n* negro *(m)*, negro, negra *(f)*, mono *(m)*, mayate, negrillo *(m)*, negrito *(m)*, negrote *(m)*, negraso *(m)*, negro de mierda, gorila *(m)*
zë • *n* voz *(f)*
zënë • *adj* ocupado
zgjedh • *v* escoger

zgjedhë • *n* yugo *(m)*
zgjedhim • *n* conjugación *(f)*
zgjedhje • *n* elección *(f)*, selección *(f)*, decisión *(f)*, opción *(f)*
zgjuar • *adj* listo *(m)*, inteligente, intelectual *(f)*
zi • *adj* negro
zile • *n* campana *(f)*, campanilla *(f)*
zink • *n* zinc *(m)*, cinc *(m)*
zinxhir • *n* cadena *(f)*
zirkonium • *n* circonio *(m)*
zjarr • *n* fuego *(m)*
zmadhoj • *v* exagerar
zog • *n* pájaro *(m)*, ave *(f)*
zonë • *n* campo *(m)*
zorrë • *n* intestino *(m)*, tripa *(f)*
zot • *n* dios *(m)*
zotëri • *n* señor *(m)*
zverk • *n* nuca *(f)*
zyrtar • *adj* oficial
zhabë • *n* sapo *(m)*
zhduk • *v* eliminar
zhivë • *n* mercurio *(m)*
zhvillim • *n* desarrollo *(m)*
zhvillohem • *v* desarrollar
zhvilloj • *v* desarrollar
zhvirgjëroj • *v* desflorar, desvirgar

Printed in Great Britain
by Amazon